みらい × 子どもの福祉
ブックス

社会的養護 I

［第2版］

喜多　一憲・監修
堀場　純矢・編集

みらい

監 修

喜多　一憲　（きた かずのり）　元愛知県長久手市社会福祉協議会

編 集

堀場　純矢　（ほりば じゅんや）　日本福祉大学

執筆者一覧（五十音順）

浅沼　裕治（あさぬま ゆうじ）　札幌学院大学……………………………………………… コラム①

荒川　まゆ（あらかわ まゆ）　名古屋キリスト教社会館南部地域療育センターそよ風…………… コラム⑪

池戸　裕子（いけど ゆうこ）　桜学館…………………………………………………… Ch. 5－4

伊藤　龍仁（いとう たつひと）　愛知東邦大学……………………………………………… Ch. 1

井上穂乃日（いのうえ ほのか）　元麦の穂乳幼児ホームかがやき………………………… コラム②

岩﨑　元彦（いわさき もとひこ）　群馬県西部児童相談所…………………………………… コラム⑦

岩田　正人（いわた まさと）　名古屋文化キンダーホルト…………………………………… コラム④

加藤　潤（かとう じゅん）　和進館児童ホーム………………………………………… Ch. 5－3

加藤　智功（かとう とものり）　きーとす岐阜………………………………………………… コラム③

倉橋　幸彦（くらはし ゆきひこ）　名古屋芸術大学……………………………………… Ch. 6、コラム⑨

小菅　ゆみ（こすげ ゆみ）　フォスタリング機関愛恵会乳児院……………………………… Ch. 5－5

児玉　あい（こだま あい）　岐阜県中央子ども相談センター……………………………… コラム⑥

児玉　俊郎（こだま としろう）　桜学館…………………………………………… Ch. 5－1、Ch.10

佐々木将芳（ささき まさよし）　静岡県立大学短期大学部…………………………………… Ch. 7－2

関　貴教（せき たかのり）　日照養徳園………………………………………………… コラム⑤

隣谷　正範（となりや まさのり）　飯田短期大学……………………………………………… Ch. 9

橋本　喜予（はしもと きよ）　元慈泉寮…………………………………………………… コラム⑧

橋本　達昌（はしもと たつまさ）　一陽……………………………………………………… Ch. 5－7

藤田　哲也（ふじた てつや）　岐阜聖徳学園大学短期大学部……………………………… Ch. 8

藤林　清仁（ふじばやし きよひと）　同朋大学………………………………………………… Ch. 7－1

古田　優佳（ふるた ゆうか）　昭徳会…………………………………………………… コラム⑩

宮地菜穂子（みやち なおこ）　同朋大学…………………………………………………… Ch. 3

武藤　敦士（むとう あつし）　東北学院大学……………………………………………… Ch. 5－2

安田　華子（やすだ はなこ）　日本福祉大学……………………………………………… Ch. 5－6

吉田祐一郎（よしだ ゆういちろう）　四天王寺大学…………………………………………… Ch. 2

吉田　幸恵（よしだ ゆきえ）　至学館大学………………………………………………… Ch. 4

はじめに

　児童福祉法は、戦後まもない 1947（昭和 22）年の制定以来、時代の変遷とともにさまざまに改正を重ねてきました。児童福祉法成立 50 年目の 1997（平成 9）年には、第 1 の大改正ともいえる改正が行われました。この改正では保育所の措置制度変更や施設の名称変更などが行われ、これは戦後の社会福祉制度を根本的に変える基礎構造改革の序章といわれるものでした。その後、子ども虐待等が深刻化して社会的養護や子育て支援の重要さが増し、保育士試験科目も「養護原理」が「社会的養護」に変更されるなど、保育の専門職である保育士への期待が高まってきました。

　2016（平成 28）年の児童福祉法改正は、第 2 の大改正ともいえます。この改正のポイントとして、ようやく「児童の権利に関する条約の精神」と「子どもの最善の利益」の文言が総則に盛り込まれたことや、子ども虐待への対策を背景に、市町村の子育て支援をさらに強化したこと等があげられます。これからの社会的養護は、要保護児童・家庭だけではなく、地域のすべての子どもの発達保障、すべての子どもや家族の権利擁護等に範囲を拡大した支援・援助が期待されることとなります。

　さて本書は、このような社会的背景を展望し、子どもの未来への懸け橋となることを願いとした「みらい×子どもの福祉ブックス」シリーズのなかの「社会的養護」です。このシリーズでは、読者が能動的・主体的に学ぶことができるよう、各 Chapter に「インプット・アウトプットノート」「3 分 Thinking」「イラストでのイメージづくり」を設けるなど、さまざまな工夫をしました。また執筆者には、社会的養護分野の現場職員や現場経験のある研究者に多数ご協力いただきましたので、内容もとても充実したわかりやすいテキストになっています。本書が社会的養護を学ぶ学生をはじめ、社会的養護や保育関連の職員・関係者の実践的活用の書となれば幸いです。

　最後に、本書を刊行するにあたって、ご多用のなか精力的にご執筆いただいた諸先生方、また出版社の㈱みらいの方々に心より御礼申し上げます。

令和 6 年 2 月

監 修　喜多　一憲
編 集　堀場　純矢

本書の使い方

本書は、大学・短期大学・専門学校等において初めて「社会的養護」を学ぶ方へ向けたテキストです。

「社会的養護」で扱う内容は幅広く、また馴染みのない制度や用語も多く登場してきます。本書では、それらの内容を①効率よく、②わかりやすく、③興味を持って学べるよう、以下の点に工夫を凝らしています。

Point 1　インプットノートでイメージをつかもう

各 Chapter の冒頭には、Section ごとに「文章」「Keyword」「イラスト」の 3 点セットで学びの概要（アウトライン）を示しています。学習をスタートさせる前にインプットノートでイメージをつかむようにしましょう。

Section での学びにおいて重要な項目を「Keyword」としてまとめています。学習し理解できた項目にはチェックマークをつけるようにしましょう。

Point 2　3 分 Thinking で主体的な学びにつなげよう

「社会的養護」は制度論が中心であるため、授業では教員側からの解説の時間が多くなることがあります。そこで、本書ではみなさんの主体的な学びを促すために各 Section の冒頭に学びの内容に関連したワークを掲載しています。どのワークも 3 分程度で考えられる設問になっていますので、積極的に取り組み主体的な学びにつなげていきましょう。

ワークは個人だけでなく、グループやクラス全体で取り組んでも良いでしょう。ワークを通じてほかの学生・教員との相互のやり取りを深めるようにしましょう。

Point 3　要約部分を予習・復習に活用しよう

各項タイトルの下には、その項で学ぶ本文の内容を簡単かつわかりやすくまとめた「要約」を設けています。この要約部分は「予習」「復習」の際に活用しましょう。

Point4 アウトプットノートで学びを振り返ろう

各Chapterの最後には、学びの振り返りを行うためのアウトプットノートを設けています。ここでは、各Chapterで「学んだこと」「感じたこと」「理解できなかったこと」「疑問に思ったこと」などを整理し、自由に記述しましょう（テーマを変更しても構いません）。

また、「TRYしてみよう」では、各Chapterに沿った穴埋め問題を設けていますので、理解度チェックのために挑戦してみましょう。

Point5 コラムを通して未来につなげよう

Chapter 2・Chapter 5～7には、各Chapterの学びに関連したコラムを設けています。特にChapter 5～7では社会的養護の現場で活躍している先輩職員のコラムを掲載しています。このコラムでは施設での業務内容、子どもとの関わりのほかに、みなさんへ向けたメッセージも書かれています。コラムを通じて、みなさんの未来（就職）についても考えてみましょう。

Point6 メモ欄を活用して、学びを深めよう

各ページの右または左に、気付いたことなどが書き込めるよう、メモ欄を設けています。授業や自学自習での学びを進めていくなかで、疑問に思ったこと、気付いたことなどをメモし、学びを深められるようにしましょう。

もくじ

社会的養護の基本原理とその現状

●イメージをつかむインプットノート

Section 1 「社会的養護とは何か」のアウトライン

　人間の私的な子育て行為を補う社会的養育の大切さを考えながら、孤児や浮浪児などを受け入れてきた児童養護の役割を整理します。そのうえで、施設養護と家庭養護に分類される社会的養護とは何か、関係する法令や子どもの権利の視点から理解します（p.12）。

> **Keyword**
>
> ☑ 生理的早産　☑ 社会的養育　☑ 私的養育　☑ 児童養護　☑ 代替的・協働的役割
> ☑ レジデンシャルサービス　☑ 子どもの権利　☑ 施設養護　☑ 家庭養護

子育ては、生みの親だけで取り組むのではなく、
家族や社会のなかで行われます。

Section 2 「社会的養護の基本理念と原理」のアウトライン

　「児童養護施設運営指針」等に示されている社会的養護の基本理念と原理をふまえ、施設の小規模化や家庭的養護が推進される社会的養護のこれからの姿を学びます（p.17）。

> **Keyword**
>
> ☑ 施設運営指針
> ☑ 社会的養護の基本理念
> ☑ 社会的養護の原理
> ☑ 家庭的養護の推進
> ☑ 新しい社会的養育ビジョン

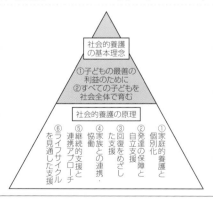

Section 3 「社会的養護の現状（子ども・家庭・地域）」のアウトライン

　社会的養護を利用する子どもは全国で約 42,000 人いるといわれ、その約 8 割が施設へ入所しています。子どもの措置理由（児童養護問題の発生）は時代とともに変化しており、近年は虐待が急増しています（p.23）。

Keyword

☑ 児童養護問題　☑ 虐待　☑ 家族形態の変化　☑ 貧困・経済格差
☑ 市町村　☑ 要保護児童　☑ 要支援児童　☑ 児童相談所

1983（昭和58）年
（父・母・父母の）行方不明　28.4%
父母の離婚　21.0%
（父・母の）入院　12.8%

2021（令和 3 ）年
虐待（放任・怠惰、虐待・酷使、棄児、養育拒否）
　　　　48.8%
（父・母の）精神疾患等　8.0%
破産等の経済的な理由　2.0%

児童養護施設への措置理由として割合が高いものをあげてみましたが、時代とともにその理由が変化しているのがわかります。

社会的養護とは何か

3分 Thinking

- あなたの周りの家庭で何か思いがけない出来事が起き、子どもを育てる大人がいなくなったとき、あなたには何ができますか。

1 私的な子育てと社会的な子育て

要約 人間の子育ては親や家族による私的行為という側面と、社会や国家による社会的行為という側面があります。親と家族による子育ての限界を補い支えるために、社会や国家による社会的な子育ての役割が必要になります。

①人間の子育て行為

　　人間は家族や社会を形成して生活する生物です。そのため、人間の子育ても、生みの親だけで取り組むのではなく、家族や社会のなかで行われます。人の子どもは「生理的早産」[1] といわれる状態で生まれるため、大人に育てられなくては成人すること（社会化：socialization）[2] ができません。そこで、生みの親とその家族が子育てを担うのですが、時にはそれ以外の大人に子育てが委ねられる場合もあります。また、子どもの家族だけでなく、その地域や社会などの意図や慣習などが子育てに作用していることも忘れてはならないでしょう。このように人間の子育て行為は、家族を含む親の私的（個人的）行為という側面と、村落や地域の生活共同体、さらにはその社会や国家を含めた社会的（集団的・制度的）行為という側面があるのです。

②なぜ社会的養育が必要になるのか

　　「子どもが生きていくためには、成人の保護と援助が、必要欠くことのできない条件」[3] だといえます。そのため、子どもは一般的に、生みの母親とパートナーの父親など近親者で形成される家族のなかで養育されます。ところが時として、家族だけでは子どもを育てられなくなる出来事が起こります。

　　例えば、父母の死亡・失踪・離別、病気、ケガ、障害、労役や戦争、貧困、飢饉、地震、風水害など、個人的な要因から社会的要因まで、さまざまな理由により家族による養育が困難になることがあります。そのため、物心ついたときから生みの親を知らずに育つ子どもや、成長途上で家族との離別や家

庭崩壊等を経験する子どもが生まれます。特に、孤児や浮浪児、虐待・酷使される子どもの存在は、太古の昔から人類史に記録されてきた事実です。

　このように、生みの親と同居家族に頼る私的な子育て（私的養育）は、子どもの成長と自立を阻害し、子どもの生存と健康を脅かす事態を招きかねない脆弱性を孕んでいるのです。そこで私的養育を支え、時には家族の代わりになる公的な制度や仕組みによって子どもを守り育てる「社会的養育」が求められるのです。

③脆弱な私的養育に対応する社会的養育

　私的養育の脆弱性に対応する社会的養育は、子どもの保護と育成を基軸としながら、私的養育を包み込む幅広く多様な領域で構成されています。例えば、「保護者のない児童又は保護者に監護されることが不適当であると認められる児童（以下「要保護児童」）」（児童福祉法6条の3第8項）を対象とする「養護（代替養育）」*1、「家庭において必要な保育を受けることが困難である乳児又は幼児（以下「保育を必要とする乳児・幼児」）」（児童福祉法6条の3第9項）を対象とする「保育」、障害のある子どもを対象とする「療育」、非行児童を対象とする「教護」など、対象となる子どものニーズに応じてサービスを提供するためにさまざまな形態があります。

> ＊1
> 新たな社会的養育の在り方に関する検討会によりとりまとめられ、2017（平成29）年8月2日に公表された「新しい社会的養育ビジョン」によれば、社会的養護は「保護者と分離している場合と分離していない場合の両者を含む」としたうえで、「分離している場合を代替養育と呼ぶ」と説明しています。

2　社会的養育と児童養護

要約　社会的養育には、①支援的役割、②補完的役割、③代替的・協働的役割があり、そのなかの代替的・協同的役割の実践と支援を児童養護と捉えることができます。

①社会的養育の役割と児童養護

　前述の通り社会的養育はさまざまな領域で構成されていますが、その役割は、①地域の相談機関や専門職、主任児童委員等が「相談援助・給付・家庭訪問・指導」等の方法で、在宅のまま私的養育を支える「支援的役割」、②保育所その他の通所施設等が「保育・デイサービス」という形態で、日中の一定時間の子育てを担いながら私的養育を支える「補完的役割」、③入所施設や里親等が「児童養護（レジデンシャルサービス）」という形態で、実家族の代わりに、または実家族との協働関係のなかで数日から数年に及ぶ期間の子育てを担う「代替的・協働的役割」という3種類に分類することが可能です（図1-1）。

　図1-1は、私的養育と社会的養育の役割についての相関関係を表しています。「支援的役割」は、家族が24時間子育てを担うなかで、相談・助言

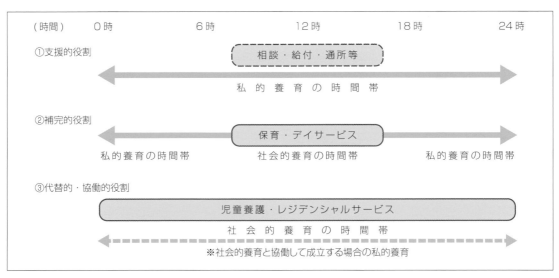

図1－1　私的養育と社会的養育の役割

や訪問、金銭やサービスの給付および専門機関等への紹介や通所などさまざまな方法で提供される「子育て支援」により、家族による私的養育を側面的に支えます。

　「補完的役割」も家族による私的養育を基盤において支える点では支援的役割と共通しています。例えば、養育者の就労や病気、介護などの理由から家族のみで子育てを担うことができない日中の一定時間に、保育やデイサービスを利用することによって私的養育を成立させることが目的です。

　一方、何らかの事情で家族が家庭で子育てを担うことができない、あるいは家族による虐待などにより子どもに危害が加わる場合などには、「代替的役割」または「協働的役割」が必要になります。家族と家庭の状況によって、完全に家族の代わりとなって社会的に子育てを担う形態から、子どもを家庭から分離しても家族との関係を維持しながら、家族と協働・協力して子育てを成立させる形態まであります。実際には入所施設や里親、ファミリーホーム等が児童相談所とともにこの役割を担っており、その実践と支援を児童養護（またはレジデンシャルサービス）と呼んでいます。

②児童養護の考え方

　教育と福祉の領域で用いられてきた「児童養護」という用語は必ずしも明確に定義されているものではありません。例えば森俊之は、「子どもの健全な発達を援助して自立した社会人になるために大人側から行われるすべての活動」[4]を広義の児童養護と説明しています。この説明の場合には、「支援的役割」と「補完的役割」を含むすべての社会的養育に加え、保護者・家族

の私的養育まで含まれることになり、児童養護の本質が不明確です。また、養護教諭や養護学級など、学校教育で用いられる「養護」との関係についても未整理です。

　そこでこのチャプターでは、図1−1の「代替的・協働的役割」に限定して児童養護を捉え、「養育ケアの側面で問題を抱える親から子どもを一時的または長期間あずかり、親とともに、あるいは親に代わって、養育ケアを代行し、それによって、子どもの安全や生活や教育を保障するとともに、親の養育能力の、補完、強化、回復を目指すもの」[5] という見解に基づいて理解します。

3　社会的養護とは何か

要約 ▶ 社会的養護は、公的制度に基づく児童養護として子どもの権利を保障します。社会的養護は、施設養護と家庭養護に分類されます。今日ではその役割も変化し、要保護児童に限らず幅広い家庭の子どもと子育てを支援することが求められています。

①社会的養護の定義と範囲

　私的養育の「代替的・協働的役割」を担う児童養護は、児童福祉法の制定に伴い制度として整えられて社会的養護と呼ばれるようになりました。社会的養護について竹中哲夫は、「国や地方公共団体などが社会福祉の制度を基礎に実施する養護・養育・保護（里親・児童福祉施設などにおける養護）」[6] と説明しています。このように社会的養護は、家族などの私的養育との対比でとらえられます。

　2011（平成23）年7月に児童養護施設等の社会的養護の課題に関する検討委員会・社会保障審議会児童部会社会的養護専門委員会がとりまとめた「社会的養護の課題と将来像」において、社会的養護は「保護者のない児童や、保護者に監護させることが適当でない児童を、公的責任で社会的に養育し、保護するとともに、養育に大きな困難を抱える家庭への支援を行う」と定義されました。この定義からも明らかなように、公的な制度に基づく児童養護が社会的養護といえるでしょう。

　社会的養護は、かつてのように保護者や家族を失った子どもへの施策から、虐待を受けて心に傷を持つ子ども、何らかの障害がある子どもやドメスティック・バイオレンス（家庭内暴力）の被害を受けた母子への支援などに変化・拡大し、求められる役割と機能も変わってきています。

　また、子ども・子育て支援の全体像を示す図1−2のように、今日の社会的養護は市町村の子育て支援と連携しながら、保護を必要とする子どもとそ

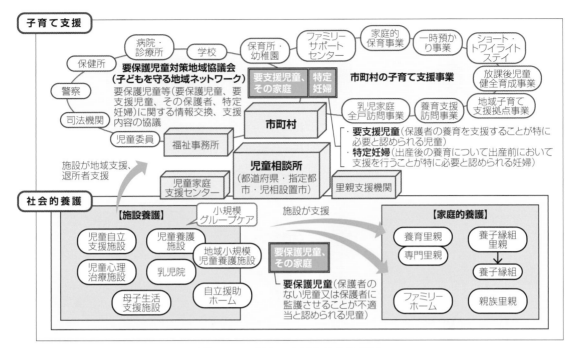

図1－2　子育て支援と社会的養護

出典：厚生労働省「社会的養育の推進に向けて（令和5年4月）」2023年を一部改変

の家庭に限らず、地域で保育や子育て支援等を利用する子どもとその家庭、特定妊婦等まで対象として支援します。

　このように、社会的養護は要保護児童に対する施策に限定するものではなく、支援を必要とする地域の幅広いニーズを持つ子どもと家庭に対応することが求められているのです。

②社会的養護の枠組み－施設養護と家庭養護－

　国は2012（平成24）年1月の社会保障審議会（児童部会社会的養護専門委員会）において、これまで明確に区別されてこなかった社会的養護で用いる用語の整理を行いました。これは、2009年12月の国連総会で決議された「児童の代替的養護に関する指針」に整合させるものだといえます。

　これにより社会的養護は、児童養護施設、乳児院などの residential care（施設養護）と、里親、ファミリーホームなどの family-based care[*2]（家庭養護）に二分される枠組みに整理されました。また、「児童の代替的養護に関する指針」との関係で言えば、グループホームやグループケアなどの小規模な施設形態を family-like care（家庭的養護）として、family-based care と明確に区分しています。しかし、国や自治体はその後も、同指針の family-based care に小規模施設の family-like care を含めて「家庭的

＊2
「児童の代替的養護に関する指針」では、family-based care は、①Kinship care（実親と家族・親族の養育）、②Foster care（里親制度の養育）、③Other-forms of family-based care（ファミリーホーム等の養育）の3種類とされています。

養護の推進」という表記を用いるなど、一部に曖昧さを残したまま用語を使用しています。

③子どもの権利を保障する社会的養護

すべての子どもにはその生活が保障され家庭で養育される権利があり、一部の家庭環境に恵まれない子どもには、社会的養護が用意される権利があると認められています。

例えば児童憲章では、「すべての児童は、心身ともに、健やかにうまれ、育てられ、その生活を保障される」（第1条）、「すべての児童は、家庭で、正しい愛情と知識と技術をもって育てられ、家庭に恵まれない児童には、これにかわる環境が与えられる」（第2条）と明記されています。

一方、1994（平成6）年に日本政府も批准した児童の権利に関する条約には、「家庭環境を奪われている児童等に対する保護及び援助の権利」（第20条）として、家庭環境を失くした子どもや、家庭で育てられることが不適切だと判断される子どもには、国から特別な保護と援助を受ける権利があると示されています。

そして、こども基本法と児童福祉法は、子どもが権利の主体であることを明確に示し、家庭への養育支援から代替養育までの社会的養育全体の充実とともに、里親等の家庭養育優先の理念を規定しました。このように、社会的養護は子どもの権利を保障する児童福祉制度として、その改革と充実が図られているのです。

Section 2　社会的養護の基本理念と原理

3分 Thinking

・もしもあなたが子どもだったとして、家族と離れて暮らすことになったなら、施設で暮らしたいと思いますか。

1　社会的養護の基本理念

要約　社会的養護に共通する基本理念として「子どもの最善の利益のために」「すべての子どもを社会全体で育む」の2つが、施設運営指針や里親等の養育指針に示されています。

*3
児童養護施設運営指
針、乳児院運営指針、
情緒障害児短期（児童
心理）治療施設運営指
針、児童自立支援施設
運営指針、母子生活支
援施設運営指針、里親
及びファミリーホーム
養育指針、自立援助
ホーム運営指針につい
ての7種類がありま
す。

社会的養護の制度と実践のあり方をまとめた各施設種別の指針[*3]が、厚生労働省から通知[*4]されており、これらの指針には社会的養護の共通した基本理念と原理が示されています。基本理念としては、①子どもの最善の利益のために、②すべての子どもを社会全体で育むことが示されています。

①子どもの最善の利益のために

子どもの権利として最も重視される「子どもの最善の利益」は、児童の権利に関する条約に掲げられている理念です。同条約第3条には、「児童に関するすべての措置をとるに当たっては（中略）児童の最善の利益が主として考慮されるものとする」と述べられています。

児童福祉法においては、2016（平成28）年の法改正によってこの理念が導入されました。同法1条では「全て児童は、児童の権利に関する条約の精神にのつとり（中略）福祉を等しく保障される権利を有する」と児童福祉の理念を明文化し、同法第2条は「児童が良好な環境において生まれ、かつ、社会のあらゆる分野において、児童の年齢及び発達の程度に応じて、その意見が尊重され、その最善の利益が優先して考慮され、健やかに育成される」ように、国民全体が児童育成の責任を持つとされました。

児童福祉の制度である社会的養護においても、子どもの最善の利益を最優先に考えた制度やサービスを提供していくことが求められます。

②すべての子どもを社会全体で育む

児童福祉法は、子どもの最善の利益の考慮と健やかな育成を国民の務めとしたうえで、保護者による私的養育と、国と地方の公的養育の責任関係を整理しています。同法第2条第2項は、「児童の保護者は、児童を心身ともに健やかに育成することについて第一義的責任を負う」と、保護者による子どもの養育責任を強調し、同条第3項で「国及び地方公共団体は、児童の保護者とともに」児童の養育責任を負うと規定されています。

このように、国民・保護者・国と地方自治体が社会全体で子どもを育むという基本理念が児童福祉法には明示されています。

2　社会的養護の原理

> **要約** 基本理念に基づく社会的養護の原理として、①家庭的養護と個別化、②発達の保障と自立支援、③回復をめざした支援、④家族との連携・協働、⑤継続的支援と連携アプローチ、⑥ライフサイクルを見通した支援の6つが示されています。

　指針では前述の２つの基本理念のもと、社会的養護の原理として、①家庭的養護と個別化、②発達の保障と自立支援、③回復をめざした支援、④家族との連携・協働、⑤継続的支援と連携アプローチ、⑥ライフサイクルを見通した支援を示しています。共通するこの６つの原理に基づいて、それぞれの施設や里親、ファミリーホームの機能や特徴に合わせた支援と実践が取り組まれることになります。

①家庭的養護と個別化

　社会的養護を必要とする子どもたちに「あたりまえの生活」を保障することが重要です。そのためには、大規模な施設ではなく、できるだけ家庭あるいは家庭的な環境で養育をすること（家庭的養護）と、一人ひとりの子どもが大切にされ、その育みを丁寧にきめ細かく進めていくこと（個別化）が必要です。

②発達の保障と自立支援

　社会的養護は、未来の人生をつくり出す基礎となるように、子ども期の健全な心身の発達の保障を目指して行われます。特に乳幼児期では、愛着関係や基礎的な信頼関係を形成し、子どもの自立や自己実現を目指して、子どもの主体的な活動を大切にするとともに、さまざまな生活体験などを通して、自立した社会生活に必要な基礎的な力を形成していきます。

③回復をめざした支援

　社会的養護を必要とする子どもには、被虐待体験や分離体験などによる悪影響からの癒やしや回復を目指した専門的・心理的ケアなども求められます。そのため、安心感を持てる場所で、大切にされる体験を積み重ね、信頼関係や自己肯定感（自尊心）を取り戻していけるように支援していきます。

④家族との連携・協働

　保護者の不在、養育困難、さらには不適切な養育や虐待、ＤＶなど、困難な状況におかれている親子がいます。社会的養護は、こうした子どもや保護者の問題状況の解決や緩和を目指し、保護者とともに、保護者を支えながら、あるいは保護者に代わって、子どもの発達や養育を保障していく包括的な取り組みです。

⑤継続的支援と連携アプローチ

　社会的養護は、その始まりからアフターケアまでの継続した支援と、できる限り特定の養育者による一貫性のある養育が望まれています。また、さまざま社会的養護の担い手が、それぞれの専門性を発揮しながら、巧みに連携し合って、一人ひとりの子どもの社会的自立や親子の支援を目指していく連携アプローチが求められます。社会的養護は「人とのかかわりをもとにした営み」による「つながりのある道すじ」として、子ども自身にも理解される

＊5
グループワーク理論や集団主義養護論等の考え方も含まれます。大舎制施設に限らず、小規模施設やファミリーホームにおいても、話し合いやグループ活動を取り入れることは有効で、個別関係に頼る子育てが行き詰まった際に、一緒に暮らすきょうだいや仲間などの生活集団が助けになることは多々あります。

ようなものであることが求められます。

⑥ライフサイクルを見通した支援

　社会的養護は、子どもたちが社会に出てからの暮らしを見通した支援を行い、入所や委託を終えた後も長くかかわりを持ち続け、帰属意識を持つことができる存在になることが重要です。育てられる側であった子どもが親となり、今度は子どもを育てる側になっていくという世代をつないで繰り返されていく子育てサイクルへの支援と、虐待や貧困の世代間連鎖を断ち切っていけるような支援が求められています。

　指針では上記6つを社会的養護の原理として示していますが、実践レベルではさらにいくつもの原理が見出せます。

　例えば、複数の子どもが生活する施設等において、いじめや抑圧・管理的な集団生活の弊害を克服しながら子ども集団の教育力を生かして自治的・自立的な生活を目指す「集団活用の原理」＊5、社会的には少数者といえる施設や里親家庭の子ども、施設などの出身者、職員そのほかの関係者同士が交流し、共同することで、特有の悩みや課題を分かち合ったり、行事等に取り組んだり、組織化を図ったり、社会への意見発信や普及啓発の活動、行政との折衝等に取り組んでいく「当事者支援と助け合いの原理」＊6、公的に制度化される以前から取り組まれてきたファミリー・グループホーム＊7や自立援助ホーム＊8のように、必要なサービスや支援を開発して制度化に結びつける「開発と制度化の原理」＊9等をあげることができます。

3　社会的養護の今後の方向性

> **要約** ▶ 社会的養護は、施設の小規模化と家庭的養護の推進に向けた取り組みが行われています。また、社会的養護を管轄する都道府県は、市町村の子ども・子育て支援事業と連携しながら社会的養護の体制の充実を図っています。

＊6
社会的養護の施設などの出身者による当事者支援の取り組みや、地域ごとの施設等の合同行事、里親会活動、施設職員による自主的な交流や研究活動等が幅広く取り組まれています。

①家庭的養護の推進・市町村との連携強化

　今日の社会的養護は、「社会的養護の課題と将来像」(2011［平成23］年7月)並びに「新しい社会的養育ビジョン」(2017［同29］年8月)に示されている(図1-2、図1-3、図1-4)ように、①大規模な施設養護を中心とした形態から、一人ひとりの子どもをきめ細かく育み親子を総合的に支援していけるようなハード・ソフトの変革、②家庭的養護を推進していくため、里親やファミリーホームを優先するとともに、施設養護もできる限り小規模で家庭的な養育環境の形態に変え、養育の内容を刷新、③施設は、社会的養護の地域の

拠点として、家庭に戻った子どもへの継続的なフォロー、里親支援、自立支援やアフターケア、地域の子育て家庭への支援など、専門的な地域支援の機能を強化、④ソーシャルワークとケアワークを適切に組み合わせ、家庭を総合的に支援する仕組みづくり、という方向に向かっており、そのための基盤づくりに取り組んでいます。

　また、子ども・子育て支援法に基づき、社会的養護を管轄する都道府県は、市町村の子ども・子育て支援事業との連携体制を構築しながら社会的養護体制の充実に向けての都道府県子ども・子育て支援事業支援計画を作成することになります。具体的には、①里親委託等の推進と、施設の小規模化および地域分散化の推進を柱とする家庭的養護の推進、②専門的ケアの充実および人材の確保・育成、③自立支援の充実、④家族支援および地域支援の充実、⑤子どもの権利擁護の推進等については、基本的（必須）事項として盛り込むことが定められています。

②「新しい社会的養育ビジョン」に基づく改革

　「社会的養護の課題と将来像」に基づく取り組みにより、社会的養護の関連施設による地域支援の展開、家庭的養護の推進、施設の生活単位の小規模化、施設の運営の質の向上に向けた施設運営指針の策定、第三者評価の実施などが行われ、要保護児童はもちろんのこと、すべての子どもや子育て家庭の支援に関して多くの前進がありました。

　しかし、その一方で、下記のような課題や限界が明らかになり、その内容を見直す必要がでてきました。

- 施設養護における「家庭的養護の推進」の必要性は、その生活単位の縮小のみならず、本体施設から分散して地域に基盤をおく養育環境に移行できるかにあったが、そうした展開が不十分な提言となっている。
- 社会的養護としての在宅支援の在り方が提示されておらず、永続的解決を保障していくことについて全く提示されていない。この永続的解決を担う児童相談所を中心としたソーシャルワークの在り方に関して言及されていない。
- 代替養育としての一時保護の在り方が提示されていない。
- できる限り家庭的な養育の必要が乳児院と児童養護施設に限られて児童心理治療施設や児童自立支援施設での家庭的環境の必要性が明確になっていない。
- 里親やファミリーホームを優先させるとは提言されているがどのような場合に施設養育が必要かが提示されていない。

＊7
現在のファミリーホームのモデルは、1960年代に関西地方の一部の自治体で取り組まれた家庭養護寮と、1970年代以降に関東地方を中心とする一部の自治体で取り組まれた里親型のグループホームやファミリーホーム、養育家庭制度（東京都）だといわれています。ファミリーホームについてはP.125を参照。

＊8
児童福祉法において児童自立生活援助事業として定められています。自立援助ホームは、1970年代頃から児童養護施設を退所した子どものアフターケアのために施設関係者等の地道な努力によりつくり上げられてきた歴史があります。自立援助ホームについてはP.106を参照。

＊9
明治期に民間人や団体が自ら設立・運営した岡山孤児院などの育児院・孤児院は、戦後に制度化された児童養護施設の前身です（P.32を参照）。

●代替養育施設種別をそのままに踏襲しており子どものニーズに合った代替
養育の抜本的改革は考慮されていない。

＊10
「新しい社会的養育ビジョン」の具体的なポイントについては、P.70の表4－2を参照。

　そこで厚生労働省は、「新たな社会的養育の在り方に関する検討会」を設置し、「社会的養護の課題と将来像」の全面的な見直しを行い、2017（平成29）年8月2日に「新しい社会的養育ビジョン」を公表しました。同ビジョンでは、在宅での支援から代替養育、養子縁組と、社会的養育分野の課題と改革の具体的な方向性が示されました＊10。今後はこのビジョンに基づき、社会的養護全体の改革が加速化されると予測できます。

より家庭に近い養育環境へ

良好な家庭的環境		家庭と同様の養育環境		家庭

施設	施設（小規模型）	養子縁組（特別養子縁組を含む。）		実親による養育
児童養護施設 大舎（20人以上） 中舎（13〜19人） 小舎（12人以下） 1歳〜18歳未満 （必要な場合　0歳〜20歳未満）	**地域小規模児童養護施設（グループホーム）** 本体施設の支援の下で地域の民間住宅などを活用して家庭的養護を行う	小規模住宅型 児童養育事業	里親	
乳児院 乳児（0歳） 必要な場合幼児（小学校就学前）	**小規模グループケア（分園型）** ・地域において、小規模なグループで家庭的養護を行う ・1グループ6〜8人 　（乳児院は4〜6人）	**小規模住居型児童養育事業（ファミリーホーム）** ・養育者の住居で養育を行う家庭養護 ・定員5〜6人	**里親** ・家庭における養育を里親に委託する家庭養護 ・児童4人まで	

社会的養護（代替養育）	私的養育

図1－3　家庭と同様の環境における養育の推進

出典：こども家庭庁「社会的養育の推進に向けて」2024年

Section 3　社会的養護の現状（子ども・家庭・地域）

3分 Thinking

・少子化にもかかわらず、施設や里親のもとで生活する子どもが増えている理由を考えてみよう。

1　社会的養護を利用する子どもの現状と児童養護問題の発生背景

要約▶　社会的養護の対象となる子どもの約8割が施設で生活しています。近年、子どもが措置される理由として虐待が大きな割合を占めており、児童養護施設では入所している子どもの約6割以上に虐待を受けた経験があります。

①社会的養護を利用する子どもの現状

　こども家庭庁によれば、2022（令和4）年3月現在で社会的養護を利用する子どもは全国で約42,000人います。表1-1のように、乳児院や児童養護施設などの施設に入所している子どもは合わせて約34,000人となり、全体の約8割を占めています。一方、里親またはファミリーホームに委託されている子どもは約7,800人に過ぎず、施設入所の割合が非常に高いという特徴があります*11。

　厚生労働省の「児童養護施設入所児童等調査結果（平成30年2月1日現在）」によれば、子どもの平均年齢は里親委託児が10.2歳、児童養護施設入所児（以下「施設児」）では11.5歳、子どもの委託（入所）時の年齢は、里親委託児、施設児とも2歳が最も多く、里親委託時の平均年齢は5.9歳、施設児の入所時の平均年齢は6.4歳です。子どもの委託（在所）期間は、どちらの場合も「1年未満」が最も多く、平均委託（入所）期間は里親委託児が4.5年、施設児が5.2年です。

　次に、子どもの委託（入所）経路をみると、里親委託児では「家庭から」が42.5%、「乳児院から」が28.1%、「児童養護施設から」が14.7%と多く、施設児では「家庭から」が62.1%で最も多く、次いで「乳児院から」が22.1%となっています。

　一方、保護者の状況は、委託（入所）時の「両親又は一人親あり」の割合が、里親委託児で78.4%、施設児で93.3%となっており、最も割合の多い保護者は里親委託児・施設児ともに「実母のみ」となっています。

　また、子どもの「虐待経験あり」の割合は、里親委託児で38.4%、施設児で65.6%であり、そのなかでもネグレクト（育児放棄）の割合が最も高く、里親委託児が65.8%、施設児が63.0%となっています。

　子どもの心身の状況については、「障害等あり」の割合が里親委託児で24.9%、施設児では36.7%となっており、「罹患傾向あり」の割合が里親委託児で14.3%、施設児で18.6%にのぼります。

　特に指導上留意している点として「精神的・情緒的な安定」をあげているのは里親委託児が40.9%、施設児が60.2%と共通して高く、それに次ぎ、里親委託児では「里親との関係」が38.7%、施設児では「家族との関係」

*11
施設入所児童数と比較すると里親・ファミリーホームの委託児童数はまだまだ少ないですが、近年になり、里親やファミリーホームへの委託児童数は増加しており、1999（平成11）年度末に2,122人だった委託児童数が、2021（令和3）年度末には約3.7倍になっています。

表1－1　社会的養護の現状（施設数、里親数、児童数）

里親	家庭における養育を里親に委託		登録里親数	委託里親数	委託児童数	ファミリーホーム	養育者の住居において家庭養護を行う（定員5～6名）	
			15,607 世帯	4,844 世帯	6,080 人			
	区分（里親は重複登録有り）	養育里親	12,934 世帯	3,888 世帯	4,709 人	ホーム数	446 か所	
		専門里親	728 世帯	168 世帯	204 人			
		養子縁組里親	6,291 世帯	314 世帯	348 人	委託児童数	1,718 人	
		親族里親	631 世帯	569 世帯	819 人			

施設	乳児院	児童養護施設	児童心理治療施設	児童自立支援施設	母子生活支援施設	自立援助ホーム
対象児童	乳児（特に必要な場合は、幼児を含む）	保護者のない児童、虐待されている児童その他環境上養護を要する児童（特に必要な場合は、乳児を含む）	家庭環境、学校における交友関係その他の環境上の理由により社会生活への適応が困難となった児童	不良行為をなし、又はなすおそれのある児童及び家庭環境その他の環境上の理由により生活指導等を要する児童	配偶者のない女子又はこれに準ずる事情にある女子及びその者の監護すべき児童	義務教育を終了した児童であって、児童養護施設等を退所した児童等
施設数	145 か所	610 か所	53 か所	58 か所	215 か所	266 か所
定員	3,827 人	30,140 人	2,016 人	3,340 人	4,441 世帯	1,719 人
現員	2,351 人	23,008 人	1,343 人	1,099 人	3,135 世帯 児童 5,293 人	977 人
職員総数	5,519 人	21,139 人	1,512 人	1,847 人	2,070 人	1,047 人

小規模グループケア	2,318 か所
地域小規模児童養護施設	581 か所

※　里親数、FHホーム数、委託児童数、乳児院・児童養護施設・児童心理治療施設・母子生活支援施設の施設数・定員・現員は福祉行政報告例（令和4年3月末現在）
※　児童自立支援施設数、定員、現員、自立援助ホームの施設数・定員・現員・職員総数、小規模グループケア、地域小規模児童養護施設のか所数は家庭福祉課調べ（令和4年10月1日現在）
※　職員総数（自立援助ホームは除く）は、社会福祉施設等調査報告（令和4年10月1日現在）
※　児童自立支援施設は、国立2施設を含む

出典：図1－3に同じ

が62.7%となっています。

②児童養護問題の発生理由とその背景

　児童養護問題（以下「養護問題」）の発生理由は時代と共に変化しますが、特に近年は虐待が急増しています（表1－2）。このほかにも、母親の精神疾患や就労、経済的理由も少なくありません。ただ、ここでいう「理由」とは、児童相談所が子どもを保護する際の「理由」として分類されている項目であることを理解する必要があります。最終的には「虐待」という理由で保護されたとしても、父母の離婚や不和、家族の健康問題、経済的理由等、さまざまな理由が重複している場合がほとんどではないでしょうか。また、そうした家庭の表面的な理由（事象）にとらわれすぎず、掘り下げて考える必要もあります。

　養護問題が発生する背景には、母親など家族成員の健康状態、能力、収入、人間関係のほか、核家族化や世帯単位の縮小などの家族形態の変化、婚姻の減少と離婚の増加、母親が孤立した都市型の育児環境、子どもと子育て世帯

表1-2　養護問題発生理由

単位：人数（人）、[　]構成割合（%）

	H30	H25	H15	H4	S58		H30	H25	H15	H4	S58
（父・母・父母の）死亡	684 [2.5]	663 [2.2]	912 [3.0]	1,246 [4.7]	3,070 [9.6]	（父・母の）就労	1,171 [4.3]	1,730 [5.8]	3,537 [11.6]	2,968 [11.1]	220 [0.7]
（父・母・父母の）行方不明	761 [2.8]	1,279 [4.3]	3,333 [11.0]	4,942 [18.5]	9,100 [28.4]	（父・母の）精神疾患等	4,209 [15.6]	3,697 [12.3]	2,479 [8.2]	1,495 [5.6]	1,760 [5.5]
父母の離婚	541 [2.0]	872 [2.9]	1,983 [6.5]	3,475 [13.0]	6,720 [21.0]	虐待(放任・怠惰・虐待・酷使、棄児、養育拒否)	12,210 [45.2]	11,377 [37.9]	8,340 [27.4]	4,268 [16.0]	2,890 [9.0]
父母の不和	240 [0.9]	233 [0.8]	262 [0.9]	429 [1.6]	630 [2.0]	破産等の経済的理由	1,318 [4.9]	1,762 [5.9]	2,452 [8.1]	939 [3.5]	/
（父・母の）拘禁	1,277 [4.7]	1,456 [4.9]	1,451 [4.8]	1,083 [4.1]	1,220 [3.8]	児童問題による監護困難	1,061 [3.9]	1,130 [3.8]	1,139 [3.7]	1,662 [6.2]	/
（父・母の）入院	724 [2.7]	1,304 [4.3]	2,128 [7.0]	3,019 [11.3]	4,090 [12.8]	その他・不詳	2,830 [10.5]	4,476 [14.9]	2,400 [7.9]	1,199 [4.5]	2,340 [7.3]
児童養護施設（旧養護施設）入所児童等調査						総　数	27,026 [100.0]	29,979 [100.0]	30,416 [100.0]	26,725 [100.0]	32,040 [100.0]

出典：表1-1と同じ

の貧困・経済格差の拡大状況、地域における保育や子育て支援体制の不備など、保護者の個人的な側面に限らず、子どもを養育する地域、職場、経済・社会環境等、今日の子どもと子育てを取り巻く、さまざまな環境的な側面があることを忘れてはならないでしょう。

2　社会的養護の対象となる子どもと家庭・地域

要約 ▶ 社会的養護の対象は、要保護児童とその家庭に限定されません。施設などから家庭復帰した後は、児童相談所や施設が地域のなかで継続的に支援する必要があります。地域のなかで社会的養護への理解と支援が広がることが期待されます。

　先にも触れたように、社会的養護の対象となる要保護児童は「保護者のない児童又は保護者に監護されることが不適当であると認められる児童」、要支援児童は「乳児家庭全戸訪問事業の実施その他により把握した保護者の養育を支援することが特に必要と認められる児童（要保護児童を除く）」を意味します（児童福祉法第6条の3第5・8項）。

　図1-4は、社会的養護と児童相談所、市町村の支援対象を表しています。児童養護施設や乳児院に代表される社会的養護は、児童相談所が対応する要保護児童とその家庭を主な対象としています。しかしそれだけを対象として限定することはできません。例えば、要支援の家庭で子ども虐待 *12 が深刻化すれば、その子どもは要保護児童となり社会的養護を利用することとなります。また、子どもや家庭への支援を行った結果、養育環境が改善して家庭復帰すれば地域の要支援児童に戻ります。その際には児童相談所や施設が市

＊12
本書では引用部分等を除き「児童虐待」を「子ども虐待」と表記します。

町村と協力して継続的に子どもと家庭を支援することが求められます。このように、要保護、要支援、一般家庭等の区分は必ずしも明確なものではなく、また固定的ではないため、対応する社会的養護と子育て支援も一体的に運用される必要があるのです。

　さらに、家庭的養護の推進施策により、これからの社会的養護は地域へ分散化されることになります。これにより、社会的養護と市町村との連携が一層重要になってくると考えられます。地域の一般家庭の人たちが、これまであまり身近に感じることのなかったグループホームや里親、ファミリーホーム等で暮らす子どもたち、それらの関係者と出会ったり交流したりすることにより、社会的養護への理解と支援の輪が地域社会のなかで広がることが期待されます。

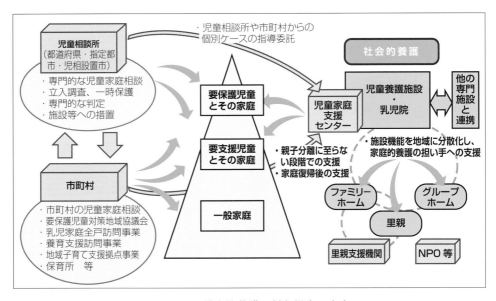

図1－4　社会的養護の対象児童・家庭

出典：厚生労働省「社会的養護の課題と将来像」2011年を一部改変

【引用文献】

1）A.ポルトマン著、高木正孝訳『人間はどこまで動物か』岩波書店　1961 年
　　p.60
2）森岡清美・望月嵩『新しい家族社会学　四訂版』培風館　1997 年　p.124
3）同上
4）森俊之「第 1 章　児童の社会的養護の現状」、神戸賢次・喜多一憲編『新選
　　児童の社会的養護原理』みらい　2011 年　p.25
5）野澤正子『児童養護論』ミネルヴァ書房　1991 年　pp.7-8
6）竹中哲夫「施設養護と家庭的養護の架け橋」、山縣文治・林浩康編著『社会的
　　養護の現状と近未来』明石書店　2007 年　p.302

【参考文献】

● 小川利夫・村岡末広・長谷川真人・高橋正教編著『ぼくたちの 15 歳—養護施設
　　児童の高校進学問題』ミネルヴァ書房　1983 年
● 一番ケ瀬康子・小笠原祐次『養護問題の今日と明日』ドメス出版　1975 年
● 浦辺史『児童問題講座 6　児童養護問題』ミネルヴァ書房　1975 年
● 堀場純矢『階層性からみた現代日本の児童養護問題』明石書店　2013 年
● 全国社会福祉協議会全国児童養護施設協議会「全養協通信 NO.258」2014 年
● 内閣府「子ども・子育て支援法に基づく基本指針（案)」2013 年
● 厚生労働省「社会的養護の課題と将来像（平成 23 年 7 月)」
● 厚生労働省「新しい社会的養育ビジョン（平成 29 年 8 月 2 日)」
● こども家庭庁「社会的養育の推進に向けて（令和 6 年 1 月)」

●学びを振り返るアウトプットノート

年　月　日(　)　第(　)限　　学籍番号＿＿＿＿＿＿＿＿　氏名＿＿＿＿＿＿＿＿＿＿＿＿＿＿

❖ このChapterで学んだこと、そのなかで感じたこと（テーマを変更してもOK）

❖ 理解できなかったこと、疑問点（テーマを変更してもOK）

❖ TRYしてみよう ❖

① 児童養護は、親と家族による私的養育の（　　　）的役割、または協働的な役割を果たす社会的養育である。

② 社会的養護の基本理念は「子どもの（　　　　　　）のために」「すべての子どもを（　　　　　　）で育むの2つである。

③ 社会的養護は、（　　　　）児童とその家庭に限らず、支援を必要とする幅広い児童とその家庭を支援対象とする。

社会的養護の歴史

●イメージをつかむインプットノート

Section 1 「わが国の社会的養護の歩み」のアウトライン

　この Section では、社会的養護の歴史をふりかえり、保護が必要な子どもたちにどのような理由があったのかということと、そうした子どもを社会でどのように保護してきたのかについて歴史的状況とともに説明します（p.30）。

Keyword
- ☑ わが国最初の救済施設
- ☑ 孤児院
- ☑ 孤児・棄児

昔は、身寄りのない子ども（孤児）や親から捨てられた子ども（棄児）を収容・保護するものでした。

Section 2 「第二次世界大戦後以降の児童養護論の展開」のアウトライン

　わが国では第二次世界大戦後、戦争で保護者を亡くした子どものために、里親制度が制定される一方で、多くの施設ができ施設中心の保護が進められました。一方で、施設で生活する子どもの育ちについて課題が指摘されるなど、さまざまな考え方が出てきました。現在は子どもの育ちを第一に考え、その子どもにとってどのような養育が大切かという、子どもの権利の視点に立った援助が求められています（p.33）。

Keyword
- ☑ ホスピタリズム
- ☑ 積極的養護論
- ☑ 子どもの権利

虐待や障害など、さまざまな養護問題を抱えている子どもが施設を利用しますが、常に「子どもの最善の利益」のために支援を行っています。

Section 1 わが国の社会的養護の歩み

3分 Thinking

・わが国で、現在の社会的養護（施設・里親など）の体制が確立するまで、どのように子どもが社会で扱われ、どのように保護されてきたのでしょうか。考えてみましょう。

1 古代社会における児童保護

要約 ▶ わが国の古代社会においても、身寄りのない子ども（孤児）や親から捨てられた子ども（棄児）がいました。これらの子どもの保護は、今から1,400年以上前に聖徳太子（厩戸王（うまやどのおう））がつくった四天王寺の悲田院（ひでんいん）で初めて行われました。これ以降、各地で救済活動が広がりました。

わが国での生活困窮者の救済は、古代から血縁、地縁による共同体内部の相互扶助で行うこととされていました。この流れのなかで、わが国での組織的な慈善救済事業として初めて行われたものは、聖徳太子が593年に建立した四天王寺四箇院（敬田院（きょうでんいん）・施薬院（せやくいん）・悲田院（ひでんいん）・療病院（りょうびょういん））の悲田院であるとされています。ここでは子どもに限らず、身寄りのない棄児や孤児、貧困者を老若男女の区別なく混合収容・救済したとされており、その後の孤児院、今日の児童養護施設の原形といわれています。

その後、仏教文化の流入が国家宗教として確立される過程において、仏教思想の慈悲・慈愛による孤老（ころう）・寡婦（かふ）・孤児・病者・不具者（ふぐしゃ）（障害者）などへの収容保護事業が広がりました。この例として奈良時代の723年に光明皇后（こうみょうこう）が建立した悲田院での棄児・孤児の収容保護や、戦乱による飢えや疫病の蔓延に起因する棄児や孤児のみを救済保護した764年の和気広虫（わけのひろむし）による83人の孤児養育をあげることができます。このように古代社会の児童養護は仏教思想に基づき、主に宗教的もしくは政治的立場から、仏教の慈悲の思想を基盤にした寺院中心の棄児・孤児などに対する慈善救済が行われました。

2 鎌倉時代から江戸時代の児童救済

要約 ▶ 江戸時代にかけても多くの孤児や棄児がいました。鎌倉時代以前は仏教的救済が多くありましたが、室町時代に入るとキリスト教による救済も広がりました。

鎌倉・室町時代も仏僧（叡尊、忍性、重源など）を中心として、棄児・病者などの生活困窮者への収容保護・救済が行われました。そして室町時代末期には、イエズス会の宣教師・教徒が来訪し、キリスト教の伝道とともに、老者、孤児・難民の救済、救済院の設置、葬祭援助、奴隷や娼妓の廃止、殉教者遺族の保護などの慈善事業が始まりました。なかでも、ポルトガルの商人のアルメーダは、堕胎、間引きの防止のために豊後府内（現在の大分県）に育児院や、癩病 *1 救護のための病院を創設したとされています。

江戸時代には幕府が五人組制度 *2 を確立し、社会統制、治安対策のための近隣相互扶助を義務付けました。このなかには、棄児・孤児の保護、貧困病者・老幼孤児の扶助および申告、行旅病者および行旅死亡者取り扱いなどに関する規定がありました。しかし、現実には堕胎、間引き、親子心中、棄児、人身売買などが農村および下層民の間で頻繁に起きたため、松平定信は子どもの堕胎・圧殺を厳重に取り締まるとともに、養育米補給制を実施しました。

> **＊1　癩病**
> 現在のハンセン病。

> **＊2　五人組制度**
> 江戸時代に当時の幕府が町村につくらせた隣保組織をいいます。近隣の五戸を一組として、火災・キリシタン・浮浪人の取り締まりを中心に連帯責任として相互扶助にあたらせました。

3　明治期の児童保護

> **要約** ▶ 明治時代に入ると、孤児や棄児の救済について、政府（国）による政策も行われました。一方で当時の子どもたちの保護は、政府による政策以上に、民間のさまざまな児童福祉施設によるものが大きく、これらの施設は各地で設立されました。

明治政府が発布した児童保護に関する救済立法は、それまでの堕胎、圧殺、棄児への取り締まりを受け継いで、1868（明治元）年「堕胎禁止令」を制定しました。その後、1871（同4）年には太政官布告「棄児養育米給与方」により、棄児を養育する者に対して、棄児が15歳に達するまで毎年米7斗（98キロ）を支給し、棄児養育の奨励を図り、次項で述べる「救護法」が施行されるまで実施されました。

また、1872（明治5）年には人身売買禁止令を制定し、1873（同6）年には三子出産の困窮者に対して一時金5円を養育料として給与し、国策として出産の奨励保護対策を打ち出しました。そして、1874（同7）年の「恤救規則」のなかで、13歳以下の極貧の孤児に対して年に米7斗を給付（その後、金銭を支給）することが定められました。また、恤救規則では、家族の扶養を受けられない70歳以上の老衰者、70歳以下で疾病により産業を営めない者も救済の対象とし、食費相当とする金銭の支給が行われていました。

維新期の救済施設は、主に治安対策や外交上の体面から設置されました。1872（明治5）年、ロシア皇太子の来日を控えて、公設で東京養育院が設立されました。これは、乞食や浮浪者を施設に収容し、街から一掃すること

が目的でした。このように当時は子どもなど生活困窮者の保護を優先するものではなく、治安隔離的保護や懲罰・取り締まり的性格が強いものでした。

　明治10年代から、日本の資本主義は、日清・日露両戦争を契機に産業革命を完了し、帝国主義国家の道を歩んでいく過程で、貧富の差を著しく助長させ、地方の離脱下層農民の都市流入とスラム街の発生や貧児・不良児問題に対する社会的関心が高まりました。その結果、明治20年代末までに、宗教的慈善思想に支えられて民間の育児施設が38か所設立されました。

　そのなかでも特に有名な岡山孤児院は、石井十次によって1887（明治20）年に設立されました。石井は、1891（明治24）年の濃尾大震災、1894（同27）年の日清戦争、1896（同29）年の三陸津波、1897（同30）年の東北大飢饉、1904（同37）年の日露戦争、1905（同38）年の東北大凶作などで親をなくした孤児・貧児の無差別収容に努め、1906（同39）年には1,200名の子どもを保護しました。なお、石井は熱心なキリスト教徒で、ルソー（Rousseau,J.J.）やペスタロッチ（Pestalozzi,J.H.）、バーナード・ホームに学んだ彼の孤児教育論は「岡山孤児院十二則」に記されています。

---

① 家族主義、② 委託主義、③ 満腹主義、④ 実行主義、⑤ 非体罰主義、
⑥ 宗教主義、⑦ 密室教育、⑧ 旅行教育、⑨ 米洗教育、⑩ 小学教育、
⑪ 実業教育、⑫ 托鉢主義　（柴田善守『石井十次の生涯と思想』より）

　非行児対策施設としては、先進諸外国の感化教育や教護思想が導入され、1880（明治13）年、小崎弘道の意見により感化事業の重要性が唱えられ、1884（同17）年に池上雪枝による神道祈祷所、1885（同18）年に高瀬真卿による私立予備感化院、1899（同32）年、日本の矯正教護事業の先駆者といわれる留岡幸助による東京家庭学校が開設され、キリスト教を基盤とする家庭的な雰囲気のもとで教育が行われました。

　知的障害児のための最初の施設としては、1891（明治24）年、石井亮一により滝乃川学園の前身の孤女学院が設立されました。このほか、盲・ろうあの子どもの施設として、1878（同11）年に京都市に盲唖院が、1880（同13）年に東京訓盲院が開設されました。

　このころ、貧困地域における保育事業も開始され、1900（明治33）年には野口幽香と森嶋峰らが東京に二葉幼稚園を開設しました。このほか現在の児童養護施設や乳児院、障害児入所施設の前進となる施設が明治末期から大正期にかけて設立されていきました。

4　大正期から第二次世界大戦前までの児童保護

> **要約**　▶大正時代は第一次世界大戦などがあり、経済的に不安定な状況でした。このことは家庭で生活する子どもに大きな影響を与え、多くの孤児や棄児を生み出しました。

　大正期は、1914（大正3）年に始まった第一次世界大戦によって未曾有の好景気がもたらされた一方で、大戦後の経済恐慌による不景気は多くの失業者を生み出し、物資不足や物価の値上がりなど、国民生活に深刻な事態を生じさせました。それは家庭生活にも直撃し、家庭崩壊、乳児死亡の増大、労働のために就学できない子ども、棄児・孤児などの問題が起こりました。このため民間に任せていた慈善事業だけでは対応できない事態に追い込まれ、政府は、妊産婦保護、乳幼児保護、貧児保護、労働児童保護、病弱児保護、義務教育終了児保護、児童虐待防止事業、感化事業、障害児保護など、児童保護事業の拡大と児童保護施設を設置していきました。しかし、非行児・障害児、乳児・虚弱児のほとんどは、分類収容が行われる戦後の児童福祉体系が整うまで、児童養護施設の原形である孤児院・育児院において混合的に収容保護されました。

　昭和初期の経済恐慌などによる国民生活の窮乏化が進む一方、虐待される子どもや、欠食児童、人身売買、母子心中などの被害・犠牲を受ける者が頻発しました。このような状況から、1929（昭和4）年に「救護法」が成立、1932（同7）年から実施されました。救護法は、65歳以上の老衰者、13歳以下の児童、妊産婦、疾病者などの貧困による生活困窮者への救護を国が主体的に実施するものであり、当時の育児施設は救護法による救護施設として位置付けられました。このように第二次世界大戦前の子どもの援助は、治安対策の一環として、対象を制限した限定的・保護的なものとして実施されました。

Section 2　第二次世界大戦後以降の児童養護論の展開

3分 Thinking

・第二次世界大戦後のわが国は、戦災孤児などの子どもたちを施設などで保護しましたが、その当時の施設はどのような生活の様子だったでしょうか。考えてみましょう。

1　第二次世界大戦直後の孤児・浮浪児の保護

要約 ▶ 1945（昭和20）年に第二次世界大戦が終結、わが国は敗戦し、大きな混乱がありました。当時は戦争で親を亡くした子どもたちが多くいたとともに、親や家庭を失って路上生活をする浮浪児もいました。国はこれらの子どもを保護する対策を進めました。

　太平洋戦争（第二次世界大戦）の全面降伏による終結は、明治期以来形成されてきた天皇制国家を崩壊させ、日本はGHQ（連合国軍総司令部）による占領・統治を経験することになりました。戦後の社会経済秩序の混乱は、国民の生活はもとより、子どもの生活に大きな打撃を与え、戦災孤児や浮浪児、欠食児童が多く発生し、また、子どもの人身売買や親子心中などが頻発しました。この状況下で政府は、1945（昭和20）年9月に「戦災孤児等保護対策要綱」を決定するなど各施策を決定し、戦災孤児や浮浪児対策を実施しました。このように戦後のわが国の児童福祉は、戦後処理的施策を中心に進められました。

　1948（昭和23）年2月の全国一斉孤児調査では、両親を失った18歳未満の子どもが12万3,511名いたことがわかりました。このうち、公私の児童福祉施設に保護された子どもが1万2,216名、親戚や知人のもとで養育された子どもが10万7,000名ほどいました。孤児・浮浪児等の養護が必要な子どもの激増に対応して、戦災などのために激減していた施設の復旧作業が行われ、空き工場、兵舎、寮、寺院などを利用して児童養護施設が急速に設けられました。この背景には、孤児を一人でも多く収容保護したいと願った民間の有志を中心とする献身的な努力があります。

2　児童福祉法の制定と実施体制の整備

要約 ▶ わが国は戦後、国のあり方を大きく変え、平和国家を目指すこととなりました。このなかで日本国憲法や児童福祉法を制定するなど、国のあり方を決める法律や基盤がつくられ、子どもの福祉に関わる体制も整備されていきました。

　わが国はGHQの強力な指導に従って、民主化・非軍国化の方針で復興を進めました。そのなかで1946（昭和21）年、主権在民・個人尊重・法のもとの平等・戦争の放棄等を謳った日本国憲法が公布されました。特に第25条で「すべて国民は、健康で文化的な最低限度の生活を営む権利を有する」と規定される生存権の理念は、戦後の社会保障・社会福祉・公衆衛生諸施策の基本的な理念となりました。この日本国憲法の理念に基づく最初の社会福

祉立法は 1947（同22）年12月公布の児童福祉法でした。

　この児童福祉法で子どもが心身ともに健やかに生まれ育成されるように国民に努力義務を規定し、あわせて国と地方公共団体に子どもの保護者とともに子どもを心身ともに健やかに育成する責任を負うことが明記されました。そして、第二次世界大戦以前にあった限定的・保護的な児童保護の視点ではなく、すべての子どもの積極的な福祉を図ることが示されました。この児童福祉法の制定により、子どもにかかわる施設として、助産施設、乳児院、母子寮（現・母子生活支援施設）、保育所、児童厚生施設、養護施設（現・児童養護施設）、精神薄弱児施設、療育施設（現・障害児入所施設）、教護院（現・児童自立支援施設）の9施設が定められました。

　このほか同年には厚生省（現・厚生労働省）に児童局が設置され、翌年には各都道府県に児童相談所が設置されました。その後、1951（同26）年には児童憲章が制定・宣言されました。また、社会福祉事業法（現・社会福祉法）が公布されました。この法整備により、民間児童福祉施設の多くは社会福祉法人化され、民間児童福祉事業の自主性および特性を生かすとともに公共性を高めることとなりました。

3　ホスピタリズム論の提起

> **要約** ▶ 戦後、身寄りのない子どもたちは、現在の児童養護施設の前進となる養護施設で保護されました。一方で、児童福祉施設で生活する子どもの成長を批判するホスピタリズム（施設病）が取り上げられ、施設の生活環境への問題意識が広がりました。

　1950（昭和25）年頃より欧米のホスピタリズム（施設病）論がわが国に紹介され、それが発端となって、アメリカ的養護思想としての里親第一主義や、養護方法論としてのケースワーク、グループワークの積極的な導入が打ち出されました。ホスピタリズムとは、施設で育てられている子どもたちに共通して現れる発達上の問題の総称です。当初、乳児院に収容されている乳幼児の死亡率が異常に高いことが注目され、栄養の工夫・感染の防止・施設の改善などの対策が行われましたが、効果をあげることができなかったため、次第に施設生活の問題性が注目されるようになりました。

　アメリカでは、小児科医のチャピン（Chapin,H.D.）が1908（明治41）年に、家庭的な環境と個人的な看護が十分に与えられれば、施設で慢性的な栄養障害に陥った予後が絶望的な乳児の多くが救われると述べ、今日の里親制度を提唱しました。そして、翌1909（同42）年に開かれた児童福祉に関するホワイトハウス会議で、子どもから家庭生活を奪ってはならないとする養護

の原則が示され、やむを得ない場合に行う児童養護は里親制度を中心に進められることとなりました。

　ホスピタリズム研究では、ボウルビィ（Bowlby,J.）の1950年の調査研究報告書『母性的養育と精神衛生』が有名です。そのなかで「乳児期から施設で生活している児童は、身体的にずんぐりむっくり型で、①学習意欲に乏しい、②発表がへたである、③すべてが消極的である、という共通した性癖の欠陥があり、このような性癖は、施設の特殊な環境、つまり集団育成によるもので、ホスピタリズム（施設病）である」との指摘があり、当時の施設関係者や精神科・小児科の医師に大きな影響を与えました。

　わが国におけるホスピタリズム研究は1950（昭和25）年、堀文次（養護施設石神井学園長）によって紹介されました。堀はロレッタ・ベンダー（Bender,L.）やリブル（Ribble,M.A.）など、1940年代にアメリカでなされた研究を参考にして、自らの施設における観察や経験に基づいて、施設で育つ子どもたちに共通して現れる身体・情緒・性格・行動上の諸問題を『養護理論確立への試み』において指摘しました。子どもたちは施設生活において一定のものは充足されている一方で、「何もかも共同のものを使用するため、所有のけじめと使用してはならないものの見極めができなくなっている。一定の決まった人との密着がなくその子どもにとって甘えたり、きっちりと叱られる経験が育たない。抱っこしないで育てるため、抱っこすると、びくついたりする。強い指吸いで指にタコができている子どもが多い」などが指摘されました。

4　家庭的処遇論と積極的養護論

　要約　ホスピタリズム論では、親が育てられない子どもは施設ではなく里親のもとで生活すべきという意見が広がりました。その一方で、施設がすべて悪いというものではなく、施設のもつ社会性を前向きに考える積極的養護論の提唱も行われました。

　ホスピタリズム論争を契機として、それまでの集団養護方式を反省し、潮谷総一郎は1953（昭和28）年に「養護施設における家庭的処遇の必要性について」の論文で、ホスピタリズム予防論として小舎制の導入を打ち出し、「家庭こそ子どもにとって最良の場である。養護施設はそのような場所をなくした子どもを収容する所である。故に、養護施設を家庭に近づける努力と、家庭的な処遇は当然の為すべきことである」と論じました。一方でGHQの後押しを受けて、ホスピタリズム克服には里親制度の充実が不可欠として里親開拓運動も進められましたが、里親確保は難しい状況でした。また戦災孤

児の「第1回この子たちの親を探そう運動」（朝日新聞社と全国社会福祉協議会等の共催）が1956（同31）年に行われました。

　このほかにも家庭的処遇論、集団主義養護論、治療的教育的処遇論など新たな養護論論争が展開されました。その先陣を切ったのが、沼津にある松風荘の園長であった積惟勝の著作『集団に育つ子ら』（1956［昭和31］年）や、『生活を創る子どもたち』『はだかの教育』などの実践記録でした。積は当時の全国養護施設協議会の大会や著書において、施設養護における「集団の優位性」を問う積極的な集団主義養護論の必要性を強調しました。特に子どもたちの、①自主性、②創造性、③批判性を豊かにするといった指導理念を述べ、集団の弊害が強調されるなかでの仲間意識の向上、集団愛への高まりの必要など、個と集団の育ち合いの大切さを強調していきました。

　このような論争のなかで、一部にみられていたホスピタリズムに対する宿命論も姿を消し、施設養護の特質である集団形態をいかに積極的に活用していくかという姿勢が明らかになりました。それによって、その後の高度成長期以降の養護ニーズの多様化・複雑化に向け、当時の児童養護施設の社会的役割や施設養護機能の見直しの転換期を迎えました。

5　高度成長期における新たな養護ニーズ

要約 ▶ 昭和30年代は高度経済成長が進み、それまで身寄りのない子どもなどを保護してきた養護施設の子どもの入所理由が大きく変わっていきました。それと同時に家庭の課題にも対応する必要性が出てきました。

　1960（昭和35）年、池田内閣が国民所得倍増計画を発表したころから1973（同48）年の石油危機に至るまでの高度経済成長期は、一般的国民生活水準の向上をもたらした一方で、同時にさまざまな社会変動も引き起こしました。その結果、当時の養護施設に措置される子どもも高度経済成長以前の家庭崩壊（保護者の死亡、経済的貧困）のような単純な理由ではなく、子ども自身の発達の遅れ、学力低下、情緒的問題・非行化等の問題が絡み合い、施設養護機能も単純に生活の場を保障するだけでは問題解決ができなくなりました。当然、保護者自身が抱える問題も施設に持ち込まれ、教育治療・社会的調整治療の役割の必要性を生じさせました。

　その一方で、孤児や浮浪児が減少し、養護施設（現・児童養護施設）には待機児童がいなくなったとして、厚生省（現・厚生労働省）は、1967（昭和42）年に「定員未充足状態の児童福祉施設に対する定員減および施設の転換」を指示しました。このように国が潜在的に埋もれている要養護ニーズの掘り起

こさないまま、公的責任を施設責任に転嫁する社会的養護対策は、養護施設を危機状況に追い込んだと考えられています。

こうした状況のなかで、コミュニティ・ケア*3の拠点としての「開かれた施設」を目指した実践の取り組みが行われました。子どもの日常生活圏である小・中学校区を基本に、従来の閉鎖的な施設から脱却し、地域での育ち合いや子ども同士の交流を図り、地域で起こり得る児童問題・家族問題に施設が積極的に関わろうという姿勢が現れました。

このころの施設の状況として、1973（昭和48）年度より養護施設入所児童の高校進学の費用が「特別育成費」の名目で予算化されるようになり、高校進学率が年々向上していきました。一方で、施設職員の労働環境の課題も出てきました。それは労働基準法の改正による職員の労働時間短縮化の動きにより、施設で職員の受け持つ子どもの増加や、職員と子どもとの関係に変化が生じ、これにより職員の子どもの援助へのさらなる専門性の必要性や、集団的力量の必要性が一層叫ばれるようになりました。

6　児童家庭福祉改革と子どもの権利

要約 ▶ 時代が進み、子どもの生活問題を支える制度等も大きく変化してきました。そして1989年に国際連合で採択された児童の権利に関する条約（子どもの権利条約）で、子どもの最善の利益の保障が明文化されたことで、社会的養護でも、一人ひとりの子どもの育ちをどのように考えるかということが課題となってきています。

1985（昭和60）年ごろから、いわば福祉の転換期に入りました。ベビーホテル問題に代表される営利的福祉サービスが登場し、児童福祉事業の一部を補完するという現象が発生しました。この問題は拡大が予測された有料福祉サービスの問題と合わせ、福祉ニーズへの適切な対応が検討されなければならない政策的課題が含まれていました。

その状況下において、国際連合では1989（平成元）年「児童の権利に関する条約」（子どもの権利条約）が採択され、日本は1994（同6）年に158か国目に批准しました。そのなかで、子どもたちの社会的自立を目指す人権保障・発達保障の原理・原則が打ち出されました。特に子どもの「権利主体」の考え方において、これまでの弱点であった「権利行使」の主体者としての意見表明権、養護請求権の視点をどのように法制化するのかということや、子どもの最善の利益が第一義的に考慮されるといった養護内容の充実についての内容が明記されました。

1990年代に入ると、少子化の進行、夫婦共働き家庭の一般化、家庭や

地域の子育て機能の低下など、子どもと家庭を取り巻く環境が大きく変化してきたことが顕在化し、子どもや家庭をめぐる問題の複雑・多様化に適切に対応することが困難になってきました。こうした状況をふまえ、児童福祉法を中心とする児童家庭福祉制度を改革し、子どもの自立支援施策の充実等を行い、質の高い子育て支援の制度を再構築する必要が求められることとなりました。そのため、1997（平成9）年6月に、児童福祉法が大幅に改正されました。主要な改正内容として、①保育所利用方式の変更、②市町村や保育所に対する情報公開の義務付けや努力要請、③施設の機能や名称の見直し、④児童相談所の相談機能強化および児童家庭支援センター創設、⑤児童養護施設等の措置における児童および保護者の意向尊重、⑥母子家庭の自立や雇用の促進の6点があげられます。こうした「自立支援施策の充実」「子育て支援の制度の再構築」を掲げる児童福祉法の改正は、社会的養護のあり方や制度にも影響を与えました。

　また、子ども虐待が社会問題化していくなかで、その対応について、2000（平成12）年に、児童虐待の防止等に関する法律（児童虐待防止法）が施行され、児童福祉法も数回の改正がなされました。特に、2016（同28）年の児童福祉法等の改正では、すべての子どもが健全に育成されるように、子ども虐待について発生予防から自立支援まで一連の対策の更なる強化等を図るため、児童福祉法の理念を明確化するとともに、母子健康包括支援センターの全国展開、市町村および児童相談所の体制の強化、里親委託の推進等の所要の措置を講じました。

　また、2022（令和4）年の児童虐待防止法の改正では、子育て世帯に対する包括的な支援のための体制強化および事業の拡充として、すべての子どもや子育て世帯を対象に相談支援を行う「こども家庭センター」を市町村に設置することや、一時保護所および児童相談所による子どもの支援や妊産婦等への支援の質の向上、社会的養護の経験者等に対する自立支援の強化、子どもの意見聴取等の仕組みの整備などが盛り込まれました（施行は2024［令和6］年4月1日）。

　あわせて2022（令和4）年にはこども基本法が制定されました（施行は2023［令和5］年4月1日）。この法律は日本国憲法および児童の権利に関する条約の精神の具現化を図るものです。同法の基本理念として、次代の社会を担う子どもが生涯にわたる人格の基礎を築くとともに、自立した個人としてひとしく健やかに成長することができ、子どもの心身の状況や置かれている環境等にかかわらず、その子どもの権利の擁護が図られるための国の責務とこども施策の推進に関することが定められています。

　そうして国をあげて社会的養護をはじめとした子どもの福祉やこども施策

を推進するため、2023（令和5）年4月にこれまで子どもの福祉に関する事務についての担当省庁であった厚生労働省から新たに設置されたこども家庭庁に移管されました。これらの動向から、今後さらに社会的養護に関する施策の充実が期待されています。

7　日本での子どもの権利の現状と懸念

要約　児童の権利に関する条約の発効後も、子どもの権利を守るための取り組みをどのように進めているかについて、各国は国連子どもの権利委員会に報告しており、委員会はその取り組みに対する評価を行っています。日本に対しても子どもの権利についての評価とさまざまな課題についての指摘がなされています。

　　児童の権利に関する条約では、各締約国が条約の内容に努めているかチェックするために、国際連合の機関として子どもの権利委員会（CRC）を設けています（条約第44条）。そして、条約を締結した各締約国は条約をどのように実施しているかについて、国連子どもの権利委員会に対して定期的に報告書を提出することが決められています（発効後から2年以内、その後5年ごと）。国連子どもの権利委員会では、各締約国から提出された報告書を審査し、締約国の政府に対して、問題点の指摘や、改善のための提案・勧告を盛り込んだ総括所見を出しています。

　　日本では2017（平成29）年に政府が国連子どもの権利委員会に第4回・第5回定期報告書を提出し、その報告書に対して2019（同31）年に行われた国連子どもの権利委員会で最終見解（総括所見）が示されました。この最終見解では、2014（同26）年の子供の貧困対策に関する大綱や、2016（同28）年の子供・若者育成支援推進大綱の策定、2016（平成28）年の児童福祉法改正などの法改正 [*4]、2018（同30）年の民法改正による最低婚姻年齢を男女ともに18歳と定めたことなどにより、子どもの権利に関する法や制度の整備などを進めたことが評価されました。

　　一方で、家庭や社会的養護、保育などあらゆる場面での、体罰について法律により全面的に禁止することや、体罰を解消するための措置を強化すること、意見を形成することのできるすべての子どもが、年齢制限を設けることなく、その子どもに影響するすべての事柄について自由に意見を表明する権利を保障し正当に重視すること、包括的な反差別法について制定することなどが求められました。

　　このほか、子どもへの虐待などが原因で、子どもを家族から分離するべきかどうかの決定に際して司法審査を導入することが求められています。その

*4
施行は2022（令和4）年4月1日となっています。

際、子どもの分離に関する明確な基準を定めること、親からの子どもの分離は最後の手段として、子どもの保護のために必要であり、かつ子どもの最善の利益に合致する場合に、子どもおよびその親の意見を聴取した後に行われるように確保することなども求められています。また、「新しい社会的養育ビジョン」の迅速・効果的な執行と、6歳未満の子どもから速やかな脱施設化を進めること、里親への支援を行うフォスタリング機関を確保することなどが盛り込まれました。

　また2022年（令和4）年の児童福祉法の改正では、虐待対応などで業務負担が著しく増大するなかで民間との協働を進めるために、民間に委託した場合の在宅指導措置の費用を施設等への措置の費用と同様の義務的経費にすることや、措置解除等の際に親子の生活の再開等を図るため、親子再統合支援事業を制度に位置づけること、家庭養育の推進により子どもの養育環境を向上させるために里親支援センターを児童福祉施設として位置づけたこと、妊婦に対する包括的な支援事業を制度に位置づけられました（施行は2024[同6]年4月1日）。

　その他にも、近年には親権に関する民法が改正され、2011（平成23）年には親権での子の利益の観点の明確化（第820条）、2022（令和4）年には親権者による懲戒権の廃止が行われました（第822条）。

【参考文献】

- 浦辺史編『児童問題講座6 児童養護問題』ミネルヴァ書房　1975年
- 伊藤清編『社会事業基本文献集13　児童保護事業』日本図書センター 1995年
- 児童養護研究会編『養護施設と子どもたち』朱鷺書房　1994年
- 浦辺史・積惟勝編『新版・施設養護論』ミネルヴァ書房　1977年
- 吉田久一『昭和社会事業史』ミネルヴァ書房　1971年
- 日本弁護士連合会編著『子どもの権利条約・日弁連レポート 問われる子どもの人権』駒草出版　2011年
- 厚生省児童局編『養護施設運営要領』日本少年教護協会　1954年
- 全国社会福祉協議会養護施設協議会調査研究部編『全養協20年の歩み』全国社会福祉協議会　1966年
- 厚生省児童家庭局編『児童福祉五十年の歩み』厚生省児童家庭局　1998年
- 柴田善守『石井十次の生涯と思想』春秋社　1964年
- 菊池正治・室田保夫他編著『日本社会福祉の歴史』ミネルヴァ書房　2003年

●学びを振り返るアウトプットノート

年　月　日(　)　第(　)限　　学籍番号＿＿＿＿＿＿＿＿　氏名＿＿＿＿＿＿＿＿＿＿＿＿＿＿＿＿

❖ この Chapter で学んだこと、そのなかで感じたこと（テーマを変更してもOK）

❖ 理解できなかったこと、疑問点（テーマを変更してもOK）

❖ TRYしてみよう ❖

① 明治時代に岡山孤児院を設立した（　　　　　　　）は、一時は 1,200 人の子どもを保
護した。

② （　　　　　　　）とは、施設で育てられている子どもたちに共通して現れる発達上の問
題の総称である。

③ 1989 年に採択された（　　　　　　　　　）では、（　　　　　　　　）が第一義
的に考慮されるという内容が明記された。

○ コラム① 児童養護の先駆者たち ○

　ここでは児童養護の先駆者として、石井十次、留岡幸助、石井亮一を取り上げます。この3人は、児童養護に関して先駆的な実践をした人物で、社会的養護を学ぶうえで重要な人物といえます。

　石井十次は、1865（慶応元）年に、現在の宮崎県で生まれました。石井十次が育った地域は貧しい家庭が多かったため、将来は医師になって地域社会に貢献するべく医学校に進学します。しかし、貧困状態に置かれている子どもの世話をする機会を得るなかで、徐々にこうした境遇に置かれている子どもへの養育の情熱がかき立てられ、医師の道を絶って1887（明治20）年に岡山孤児院を設立しました。そこで「岡山孤児院十二則」を策定し「家族主義」を掲げ、孤児や棄児に対して温かい家庭の雰囲気のもと養育を行うことを施設の方針として運営を行いました。

　留岡幸助は、1864（元治元）年に、現在の岡山県で生まれ、1899（明治32）年に非行少年等に対する矯正教育施設である家庭学校を設立しました。当時は非行を行った少年に対して、懲罰的な措置がとられていましたが、留岡は、非行少年には懲罰ではなく、良い環境と教育が必要であると主張し、家庭的な雰囲気のもとで施設の運営を行いました。

　石井亮一は、1867（慶応3）年に、現在の佐賀県で生まれました。立教大学で学び、その付属校に教員として就職しましたが、付属校の在職時に濃尾大地震が発生し、多くの孤児が発生しました。石井はその孤児たちを預かり、育てていくなかで、知的な発達の遅れがみられる女児がいることを知ります。石井は、その子どもを支援するための方法を学ぶためアメリカに渡り、帰国後の1891（明治24）年に、知的障害児を支援するための施設である滝乃川学園を設立しました。この施設は日本で初めての知的障害児施設で、当時の日本は知的障害児に対する支援方法が確立していませんでしたが、石井はアメリカで学んだ科学的な知見に基づく知的障害児への支援の実践を試みました。

　ここにあげた3人の児童養護の先駆者たちの活動は、それぞれ順に、現在の児童養護施設、児童自立支援施設、障害児入所施設といった児童福祉施設の活動へとつながっています。いずれも当時は多くの困難を抱えるなかでの支援活動でしたが、これらの児童養護に関わる先駆者たちの努力があったからこそ、現在の児童養護の充実があるといえるでしょう。私たちは、こうした先人たちの残した考え方を引き継ぎ、さらにより良い児童養護の発展に向けて支援の内容を考えていく必要があります。

① 石井十次　② 児童の権利に関する条約　③ 児童の権利に関する条約／子どもの最善の利益

子どもの権利擁護

●イメージをつかむインプットノート

Section 1 「子どもの権利」のアウトライン

子どもの権利とはどのような権利を指すのかということを、権利保障の世界的な歴史を概観しながら受動的および能動的な視点から捉えていきます（p.46）。

Keyword

☑ 児童の権利に関するジュネーヴ宣言　☑ 児童権利宣言
☑ 児童の権利に関する条約　☑ 日本国憲法　☑ 児童憲章

Section 2 「わが国の社会的養護現場の子どもたちと権利擁護」のアウトライン

近年、わが国の社会的養護現場で増加している虐待を受けた子どもおよび障害等のある子どもの権利擁護について理解していきます（p.49）。

Keyword

☑ 発達障害　☑ 子ども虐待
☑ 子どもの貧困　☑ 支援技術の向上

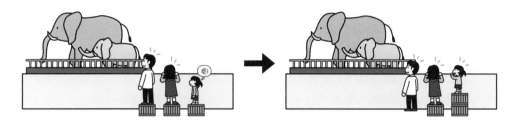

合理的配慮とは、障害の有無に関わらず、一人ひとりが過ごしやすいように便宜を図るものです。

Section 3 「子どもの権利擁護の取り組み」のアウトライン

子どもの権利を守るために必要な取り組みや制度について、児童養護施設内で発生した性的虐待のケースを基にして解説していきます（p.53）。

Keyword

☑ 子どもの権利ノート
☑ アドボカシー
☑ 被措置児童等虐待防止
☑ 苦情解決制度
☑ 第三者評価制度

子どもの周りには沢山の人の目や手や制度があって、それらによって安心できる生活が守られています。

子どもの権利

3分 Thinking

・子どもと大人それぞれをイメージし、両者の類似点、相違点を考え、いくつかあげてみましょう。

---

1 子どもの権利保障の歩み

要約 ▶ 子どもは古代社会において「大人の所有物」、中世では「小さな大人」として認知され、産業革命時には安い労働力として扱われました。また、二度の世界大戦によって多くの尊い命が犠牲になりました。こうした歴史の反省から国際連合がつくられ、終戦後、子どもの権利を守ろうとする国際的な動きが活発化しました。そして、国家間の合意として法定拘束力のある児童の権利に関する条約（子どもの権利条約）が採択されました。

① 人権と子どもの権利

　すべての人類に保障されるべき人権は、伝統的に市民的権利、政治的権利、経済的権利、社会的権利、文化的権利の5つのグループに分けて捉えられてきました。政治的権利における選挙権は、国際的に私法上の成年年齢に達すると得られる仕組みである場合が多いため、子どもは完全な政治的権利を有しているとはいえませんが、この選挙権を除く5つの権利は子どもにも認められるべきものです[1]。人権の一部として子どもにだけ認められる特別な権利は、一般的に子どもの権利と呼ばれています。以下のケースを基に具体的に捉えていきましょう。

> **【ケース①】**
> 　父親の借金とアルコール依存症によるDVのため両親が離婚し、5歳のA君は0歳の妹とともに母親に引き取られました。その後、母親はうつ病を発症して働けなくなり、生活保護を受けていました。A君は毎日、家事と妹の世話を任されて疲れ、痩せており常にお腹を空かせていました。A君がコンビニで万引きしたことをきっかけにして児童相談所が介入し、長期化する見通しがある母親の入院を機に妹は乳児院へA君は児童養護施設へ措置されることになりました。A君は大人たちが話しかけてもこわばった表情で下を向き、終始無言でした。

　子どもの権利を考えるにあたり、まず子どもである期間に認められる特性を理解する必要があるでしょう。生まれて間もない人間の子どもは自立も歩行も食事もできません。自分一人で生命を維持することができないのです。そのため子どもの特性として、小柄な背丈、低体重、不器用さ、乳歯等の生理的・身体的な未熟さをあげる人もいれば、意思疎通の主要なツールの一つである言語の獲得や、適切な方法を思考、選択し、判断するなど認知機能の未発達をあげる人もいるでしょう。

　このように身体的・精神的な未熟さが認められるがゆえに子どもには適切な保護や世話が必要であるとの認識から、今日の国際社会において子どもは「保護や援助を受ける権利」を享有するものとされており、これらは「受動的権利」と捉えられています。

　一方で、生命や生活の維持、心身の発達に際して全面的に大人へ依存しなければならない特性を有するがゆえに、大人から支配や管理がなされる危険性をはらんでいます。前述の通り、人権は子どもを含むすべての人類に保障されるべきものであるため、たとえ発達の途上にある子どもでも、思想や意見を自由に表明していく権利が保障されており、これらは「能動的権利」と捉えられています。

　A君は、「妹と無理やり引き離された……」「母親と一緒に生活したい……」などの感情を抱いている可能性も考えられます。うなずくなどの身体表現や絵、指差し、筆記を用いた選択などによってA君の意思を確認する工夫や努力は必要です。大人が保護児童の福祉を願い、最善の利益を考慮したうえで行った措置であっても、本人の希望や思いが不在のなかで進められていないか、意見表明権に代表される能動的権利も十分に保障されているかという視点を常に持つことは重要です。

② 子どもの権利に関する条約の成立

　最高法規である日本国憲法の第3章には、基本的人権（第11条）や自由（第12条）、法の下の平等（第14条）のほか、国民の権利および義務が明記されています。

　1947（昭和22）年には憲法の基本理念に基づいた法定規範として児童福祉法が制定され、さらに1951（同26）年、国民の道義的規範として位置付けられる児童憲章が制定されました。その前文において「児童は、人として尊ばれる」「児童は、社会の一員として重んぜられる」「児童は、よい環境のなかで育てられる」と謳われており、日本ではこうした権利擁護の理念に基づいた社会を維持する努力がなされています。そのため、現代社会に生まれ育った子どもたちの多くは、このような日常が当たり前であるかのように

錯覚している場合も少なくないでしょう。しかし、こうした人権、そして子どもの権利が初めから承認されていたわけではありませんでした。

　子どもの権利保障の歴史は、子ども観の変遷が深く関係しています。古代社会において子どもは「大人の所有物」として捉えられ、中世に入ると「小さな大人」として認知されていました。発達の途上にある子どもの特性理解が十分になされず、体型的に大人より小さい者と位置付けられていたのです。

　フィリップ・アリエス（Aries,P.）は、背丈のみが唯一大人と子どもを区別させるに過ぎない中世の絵画に注目しています。アリエスは著書の『＜子供＞の誕生』のなかで「中世において、また近世初頭には、下層階級のもとではさらに長期にわたって、子供たちは、母親ないしは乳母の介助が要らないと見なされるとただちに、すなわち遅い離乳の後何年もしないうちに、7歳位になるとすぐ大人たちと一緒にされていた。この時から、子供たちは一挙に成人の大共同体の中に入り、老若の友人たちと共に、日々の仕事や遊戯を共有していたのである」[2]と述べています。科学・医療が発達した現代社会に比して、当時の人口学的条件下の環境においてはごく早期に失われた幼い生命があまりに多く、小さい者は頭数にも数えられていなかったことが知られています。

　18世紀後半から19世紀の産業革命時には、安い労働力として扱われていた子どもたちを取り巻く環境改善を訴える声があがり始めます。そうしたなか、フランスのルソー（Rousseau,J.J.）などの思想家や教育学者らによって、子どもは「小さな大人」ではなく、固有の存在であることが提唱されました。子どもを主体性のある存在として捉えるルソーの視点は、「子どもの発見」として広く知られ、近代的な子ども観の基礎を構築することになりました。

　20世紀に入るとスウェーデンのエレン・ケイ（Key,E.）は、『児童の世紀』のなかで新しい児童教育を提案するとともに母性と児童を保護するための立法を要求するなど、20世紀に期待をかけて母親たちへの提案を行いました。その極めて卓越した内容ゆえに世界的関心を呼び、その後の児童福祉の思想に大きな影響を与えましたが、現実には二度の世界大戦により多くの子どもたちが犠牲となり、実際に子どもの権利保障が具体化されていったのは、第一次世界大戦（1914-1918）後のことでした。

　1922年、イギリス児童救済基金によって「世界の国々に対し、力を合わせて子どもの生命をまもるように（前文）」呼びかけた児童憲章案が公表されました。通称「世界児童憲章」として知られるこの憲章の草案は，1924年に国際連盟によって「児童の権利に関するジュネーブ宣言（ジェネバ宣言）」として採択されました。そして第二次世界大戦（1939-1945）を契機とし

て再び子どもの権利を守ろうとする国際的な動きが活発化していきました。終戦後、その反省から国際連合がつくられ、1948年にフランスで行われた国連総会（第3回）において、「すべての人民とすべての国とが達成すべき共通の基準」として「世界人権宣言」が採択されました。その後、「生まれながらにして自由であり、尊厳と権利について平等である」との理念が謳われているこの宣言と関連を持ちながら、子どもを権利主体と捉えるジェネバ宣言の精神を生かした「児童権利宣言」が、1959年の国連総会（第14回）によって採択されました。前文のなかでは「児童は、身体的及び精神的に未熟であるため、その出生の前後において、適当な法律上の保護を含めて、特別にこれを守り、かつ、世話することが必要」であることを確認し、「幸福な生活」を送れるよう子どもの権利を承認し、10の原則に従って「漸進的に執られる立法その他の措置によってこれらの権利を守るよう努力することを要請」しています。

　このジェネバ宣言および児童権利宣言の規定を発展的に継承し、国家間の合意として法定拘束力のある条約として、「児童の権利に関する条約」（以下「子どもの権利条約」）*1 が1989年の国連総会（第44回）において採択され、1990年に発効されました。同条約は前文と54条からなり、子どもが自由に意見表明をする権利、精神的・身体的成長を保障される権利、家庭環境のもとで成長発達する権利、成長発達を阻害する有害な行為などから保護を受ける権利など、子どもの権利に関する具体的規定がなされています。

　条約の最大の特徴は「子どもの最善の利益」（第3条）を第一義的に考慮し、豊かな子ども期を18歳未満のすべての人間に保障しなければならないという考え方に基づき、子どもが唯一無二の存在であり権利の主体であることを明確にした点にあるといえます。そして、単に子どもを権利主体とする受動的権利だけでなく、権利行使の主体として尊重しようとする能動的権利をも明確にしている点で画期的な条約となっています。

> ＊1　児童の権利に関する条約（子どもの権利条約）
> 第1部で子どもの権利に関する具体的規定（第1条～第41条）、第2部で実施に関する手続き規定（第42条～第45条）、第3部で著名、批准等に関する手続き規定（第46条～第54条）がなされた三部構成になっており、第1条において「児童とは、18歳未満のすべての者をいう」と、子どもを定義しています。

Section 2　わが国の社会的養護現場の子どもたちと権利擁護

3分 Thinking

- あなたの視力が急激に低下して授業中に黒板が読み取れなくなってしまったら、どうしますか。考えてみましょう。

1　わが国の社会的養護と特別な配慮や支援を要する子どもの権利保障

要約 ▶ わが国では保護者に養護される権利を持つ子どもの権利が保障されない場合には、里親委託、特別養子縁組、施設入所等の社会的養護（代替的養護）が速やかに実施されており、子どもは国が与える特別の保護および援助を受ける権利を有しています。現在、社会的養護が必要な子どもたちのなかには、被虐待児や発達障害児などの増加が確認されています。子どもは傷付きへの癒しやケア、体質特性や個別のニーズに応じた支援や環境調整などの治療的支援や特別な配慮を受ける権利を有しています。

① わが国の社会的養護

　1994（平成6）年にわが国は子どもの権利条約に158番目の締約国として批准 *2 しました。国際条約として日本国憲法に準ずる法的効力をもつ国内の法規範であり、法律や規則、条例などよりも高い地位、優先的な効力をもちます。そのため条約に照らして国内法・制度などの総合的な検討・改善が必要となります。

　例えば、親に養育される権利（子どもの権利条約第7条）が保障されない場合には、里親委託、特別養子縁組、施設入所等の代替的養護（同条約第20条）の速やかな実施が必要となるため、わが国でも児童福祉法に謳われている児童福祉の理念に基づき「子どもの最善の利益のために」と「社会全体で子どもを育む」ことを社会的養護の理念として、子どもたちを公的責任で社会的に養護し保護しています。この代替的養護について、国連総会は、子どもの権利条約採択後20年が経過したことを機に条約の再確認を行い、「児童の代替的養護に関する指針」を2009年に採択しました。

　こうした社会的養護に関する国際的なガイドラインが示されてはいますが、わが国では里親・ファミリーホームへの委託児童数約8,000人に対して、施設委託児童数約3万4,000人 3) であり、施設養護にいまだ高い比重が置かれています。そのため家庭養護の促進を強く求める国際的な基準を満たすべく、現在、家庭養護の推進が図られています。

② 貧困家庭の子どもへの権利保障

　「養育に大きな困難を抱える家庭への支援を行う」ことも社会的養護として位置付けられています。困難を抱える家庭の状況はさまざまですが、近年、子どもの貧困が注目されるなか、とりわけひとり親家庭において経済的に困窮している実態が把握されています 4)。そこで、子どもの将来が生まれ育った環境によって左右されることのないよう「子どもの貧困対策の推進に関する法律」が2013（平成25）年に成立し、政府として総合的に取り組みを

＊2　批准
条約に対する国家の最終的な確認あるいは、確定的な同意（の手続き）をいい、批准した後はその条約に法的に拘束されることになります。

＊3　子ども食堂
地域の大人（ボランティアなど）が、貧困家庭や孤食の子どもに無料または低額で食事を提供し、さまざまな人たちと触れ合える「居場所」として注目を集めている食堂であり、2012（平成24）年以降、開設が急増しています。

進めることとされました。その結果、子ども食堂 *3、フードバンクの取り組みや貧困家庭の子どもを対象とした学習支援（無料塾）の活動等、多くが民間の活動として始まっていた子どもの生きる権利、育つ権利を守るためのさまざまな取り組みが、「こどもまんなか」社会へとつくり変えていくことを目指すこども家庭庁（2023［令和5］年4月1日発足）を司令塔とし、内閣府、文部科学省、厚生労働省などの関係省庁と民間団体との連携のなか、各地で広がり始めています。

③ 子ども虐待の防止と権利保障

　子ども虐待が古くて新しい問題として社会的注目を集めていた 2000（平成 12）年、「児童虐待の防止等に関する法律（児童虐待防止法）」が制定され、子ども虐待の定義や虐待発見時の児童相談所等への通告義務が明記されました。しかしその後も、全国の児童相談所が対応した児童虐待相談件数は増加の一途 *4 をたどっているため、法改正を重ねながら発見と保護が迅速になされる体制構築、家庭への子育て支援の強化が進められてきました。2016（同 28）年 6 月には、子ども虐待について発生予防から自立支援までの一連の対策のさらなる強化等を図り、市町村および児童相談所の体制の強化や里親委託の推進等の措置を講ずるために「児童福祉法等の一部を改正する法律」が公布されました。

　「児童養護施設入所児童等調査結果（平成 30 年 2 月 1 日現在）」によると、児童養護施設に入所している子どものうち約 45％で養護問題発生理由が「虐待」、約 37％が心身に障害等があるという結果になっており、虐待を受けた子どもおよび障害等のある子どもの入所が増加しています。また、障害等の内訳では ＡＳＤ（自閉スペクトラム症）、ＬＤ（学習障害）、ＡＤＨＤ（注意欠如多動症）、知的障害を含む発達障害の割合が高く、特別な支援や配慮を必要とする子どもたちが多く生活していることが明らかになっています。

　「児童養護施設運営指針」5) のなかでも、「回復をめざした支援」*5 について触れられており、心のケアを要する子どもたちには回復の権利、回復するための適切なケアを受ける権利を保障する必要があります。

　また、被虐待児が示す多動・衝動性という行動特徴は、児童福祉施設等の現場で頻繁に観察されており、被虐待体験が発達障害様症状を形成したり促進させたりするとも指摘されています。一方で、ＡＤＨＤ（注意欠如多動症）などの発達障害は虐待を誘発しやすい *6 として、子ども虐待発生のリスクファクターであるとの指摘もなされています 6)。このように子ども虐待と発達障害 *7 の関連性をふまえた権利擁護と治療的支援が求められています。

*4
厚生労働省「令和3年度児童相談所での児童虐待相談対応件数（速報値）」によると、2021（令和3）年度中に全国の児童相談所が児童虐待相談として対応した件数は過去最多の 20 万件を超え、心理的虐待が最多、次いで身体的虐待の割合が多いと発表されました。

*5
「社会的養護を必要とする子どもには、その子どもに応じた成長や発達を支える支援だけでなく、虐待体験や分離体験などによる悪影響からの癒しや回復を目指した専門的ケアや心理的ケアなどの治療的な支援も必要となる」ことが明記されています。

*6
例えば、"非常に落ち着きのない子どもに静かにするよう口で言ってもきかない場合には手をあげやすい"といったことがあげられます。

④ 発達障害児への権利保障

　発達障害とは、子どもの「発達途上に生じた発達の道筋の乱れ」[7]であると理解することができます。支援者は、発達障害を個性・体質と捉えつつ、診断の有無に関わらず特別な配慮を必要とする体質・特性を持っている子どもの現状を正しく捉え、各自のニーズに応じた支援を行う必要があります。

　そこで子どもたちが日常生活のなかでどのような困り感を抱き、権利擁護の観点からどのような支援が求められるか、以下のケースを基に考えてみます。

【ケース②】

　発達障害がある幼稚園年少組のB君は、お散歩のときに太陽の光がまぶしいことから、ほぼ毎回、目を閉じてお友だちと先生に手を引かれながら歩いていました。ある日、B君の里親さんがその様子を偶然目撃しました。そこで、担任のC先生に「サングラスを使わせてください」とお願いしたところ、「ほかの子どもたちも使いたがって困りますし、B君だけ特別扱いはできません」と言われてしまいました。

　上記は、視覚過敏[*8]を伴うB君のケースです。ほかの子どもたちと平等な対応であり、特別扱いしないというC先生の主張は一見正しいようにも思えます。しかし実際にB君はお散歩を楽しむことができておらず、C先生の対応ではB君の困り感は解消されないのです。

　わが国が2014（平成26）年1月に批准した「障害者の権利に関する条約」の第24条では、教育についての障害者の権利を認め、この権利を差別なしに、かつ、機会の均等を基礎として実現するため、障害者を包容する教育制度等を確保することとし、その権利の実現に当たり確保するものの一つとして、「個人に必要とされる合理的配慮[*9]が提供されること」を位置付けています[8]。

　B君のケースでは、「誰もが等しくお散歩を楽しむ」という目的を達成するために行う配慮（合理的配慮）を行っていないといえるでしょう。この場合に考えられるB君への合理的配慮の例を「①困難の状態」に対する「②配慮の意図」と「③手立て」として表現すると、「①視覚の過敏性によって屋外では太陽の光がまぶしく目を開いていられない状態」に対して、「②目を開いて歩きお散歩を楽しめるようにする」ために、「③サングラスを活用して視界の明るさを調節」するというように示すことができます。つまり、誰もが権利を獲得した状態が「公平」な状態であり、一律サングラス使用禁止という一見「平等」な対応とは区別して考える必要があります。

---

*7
発達障害者支援法では「脳機能の障害であってその症状が通常低年齢において発言するもの」（第2条第1項）と定義されています。

*8
自閉スペクトラム症では、感覚異常（知覚過敏性または知覚鈍感性）を伴うことが少なくありません。

*9　合理的配慮
障害者の権利に関する条約で「障害者が他の者との平等を基礎として全ての人権及び基本的自由を享有し、又は行使することを確保するための必要かつ適当な変更及び調整であって、特定の場合において必要とされるものであり、かつ、均衡を失した又は過度の負担を課さないものをいう」（第2条）と定義されています。

*10　社会的障壁
発達障害者支援法で「発達障害がある者にとって日常生活又は社会生活を営む上で障壁となるような社会における事物、制度、慣行、観念その他一切のものをいう」（第2条第3項）と定義されています。

　「障害者の権利に関する条約」の締結に向けた国内法制度の整備の一環として、2013（平成25）年6月に「不当な差別の禁止」と「合理的配慮の提供」を求める「障害を理由とする差別の解消の推進に関する法律（障害者差別解消法）」が制定、2016（平成28）年4月より施行されました。さらに同年6月公布の「発達障害者支援法の一部を改正する法律」には、「可能な限り発達障害児が発達障害児でない児童と共に教育を受けられるよう配慮」することや、個別の支援計画を作成すること等が明記されました。

　このように合理的配慮については、「平等」のみならず「公平」かどうかという視点で捉えながら、子どもたちの最善の利益を第一次的に考慮し、個々の困り感に積極的に耳を傾け、ニーズに応じて支援者が社会的障壁*10を取り除くための環境調整を工夫していく必要があります。例えば、早口でわかりづらい話し方、段差、障害があることによる子ども扱い、障害がある人は施設に入った方が幸せだといった考え方などのさまざまな社会的障壁を取り除くために、支援者は個々のニーズに応じて環境調整を工夫していかなければなりません。

　さらに、インクルーシブ（inclusive）な社会*11の実現には、こうした個々の特性を周りの子どもたちにも理解できる言葉で個性として伝え、理解し合い、誰もが幸せに生活していくための方法をともに考えていけるよう、子ども集団に対する教育・支援技術の向上もともに求められています。

> ＊11　インクルーシブ（inclusive）な社会
> 社会的包摂（ソーシャル・インクルージョン [social inclusion]）という言葉がもとになった概念であり、社会的排除（ソーシャル・イクスクルージョン [social exclusion]）の対義語として理解されています。つまり、障害の有無に関わらず、必要な支援を受け地域で包み込まれながら生活できる社会を意味します。

Section 3　子どもの権利擁護の取り組み

3分 Thinking

- あなたに支払われているアルバイト賃金が、自身の計算額よりもかなり低く納得できないとき、あなたはどうしますか。

1　子どもの権利擁護の取り組み

> **要約** ▶ 子どもが権利を学ぶ機会を確保するため「子どもの権利ノート」の作成・配布・活用がなされています。また「苦情解決制度」や「第三者評価制度」などの導入、職員の支援技術の向上によって虐待を受けた子どもに対する虐待防止が図られています。

① 子どもの権利ノート

　福祉的介入や保護がなされる以前に不適切な養育環境に置かれていた場合、子ども自身が権利行使の主体であることを十分に理解できていないことも多いため、自らが有する権利や万が一権利侵害があった場合のＳＯＳの出し方などを学ぶ機会を意図的に設定し保障することが大切です。そのため、各都道府県・政令指定都市では、いわゆる「子どもの権利ノート」として、子どもの権利を子どもたちに分かりやすく伝えるための小冊子（図３−１参照）[12] を作成し、児童相談所や入所する児童福祉施設から子どもに直接手渡しています。権利ノートの内容は、作成している自治体によってさまざまですが、措置された理由、措置先の環境や生活（いじめ・暴力）、守られるべき権利（知る権利、意見表明権など）、措置先のルール、困ったときの相談先等が記載されている場合が多く、イラストの挿入や疑問形式で表記がなされるなど、子どもが読みやすくなるようさまざまな工夫がなされています。

　ただし、権利ノートの形式的な配布に留まらず、折に触れて子どもの権利について話し合う機会を設けながら実用化することが重要です。例えば、意見箱の設置や施設内で子どもの自治会のような自主的な組織をつくるなど、大人に意見を伝える機会の設定や子どもの声に丁寧に耳を傾ける姿勢を日常的に示していかなければなりません。

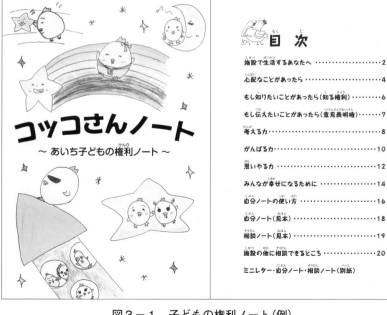

図３−１　子どもの権利ノート（例）

出典：愛知県児童センター施設内虐待防止マニュアル等検討会議編『コッコさんノート−あいち子どもの権利ノート−』愛知県健康福祉部児童家庭課　2011年

② アドボカシー（権利擁護）

　子どもたちには身体的・精神的な未熟さがあり、自分自身で権利を主張し守っていくには限界があるため、子どもの代わりに身近な大人が権利を表明することが求められます。また、日本国憲法第13条には「生命、自由及び幸福追求に対する国民の権利については、公共の福祉に反しない限り」最大の尊重を必要とすることが謳われています。図3－1にも盛り込まれているように、みんな（他者）の権利も同時に守るための義務について記載がある権利ノートは少なくありません。このように、すべての子どもたちの「最善の利益」を尊重するために、「アドボカシー[*13]」という用語で表現されるような、支援者が代理人として子どもの声を代弁し、権利擁護を目指す一連の活動が重要になります。

③ 被措置児童等虐待防止

　社会的養護を必要とする子どもたちの生活の場である入所型の児童福祉施設や里親家庭、ファミリーホームは、プライベートな空間であり、プライバシー保護の観点から本人の意思に反して必要以上に第三者が立ち入ることは許されません。近年、家庭的養護の推進に伴い、ケア単位の小規模化が進んでおり、交替制を取りながら引き継ぎ等で職員の勤務が重なる時間帯はあるものの、実質的に職員一人体制[*14]で対応せざるを得ない勤務時間帯が増加し、児童養護施設の密室化が進んでいると捉える関係者の声も存在します。そこで、以下のケースを基に、子どもの権利擁護に必要な取り組みと制度について考えてみましょう。

> **【ケース③】**
> 　児童養護施設Xで生活する12歳と14歳の女児2人は、最近、さまざまな問題行動を起こすことから心理士による心理療法が開始されました。そのなかで得られた証言から、児童養護施設Xに10年以上勤める男性指導員Dが、当時2歳と4歳だった女児2人に施設内で添い寝を始めた頃からこれまで、当直勤務の際に女児の居室に入りわいせつな行為を繰り返していたことがわかりました。女児らは「絶対に誰にも言うなと約束させられた。怒らせたら何をされるかわからなくて怖くて言えなかった。恥ずかしかった」と心理士に語りました。女児2人の心の傷は深く、ケアには非常に長い時間を要しています。

　上記のような虐待は絶対にあってはならないことです。社会的養護の施設等では体罰は禁止されており、身体的暴力はもちろんのこと、言葉による暴力や人格的辱め、無視・脅迫等の心理的虐待、セクシャルハラスメント等、

＊13
栄留らは「アドボカシーは『権利擁護』と訳されることが多い言葉ですが、『必要とする人の側に徹する権利回復・実現活動』という意味が重要です」[9]と述べています。また「アドボカシー」を担い活動する人のことを「アドボケイト」といいます。

＊14
児童養護施設の寮舎の形態は、大舎制（1養育単位当たり定員数が20人以上）から小規模グループケア（6名程度）へと徐々に転換が図られています。一般的な大舎制では同時間帯に複数名の職員の連携と協働による支援を行うことが可能でしたが、小規模グループケアでは現状の人員配置基準上難しくなっています。

＊15
施設職員等による被措置児童等虐待について、都道府県や市等が児童本人からの届出や周囲の人からの通告を受けた場合に調査等の対応を行う制度が法定化されました。

＊16　苦情解決制度
施設職員のなかから苦情受付担当者を任命し、受け付けた苦情を苦情解決責任者および第三者委員へ報告します。第三者委員を含めた事業所内での話し合いによって解決されない場合には、外部機関として設定される「運営適正化委員会」によって解決が図られます。

不適切な関わりは決して許されるものではありません [10]。しかし、残念ながら児童福祉施設職員や里親・ファミリーホームの養育者による被措置児童等虐待の事件は後を絶ちません。こうした一部の不適切な事例をなくすために、児童福祉施設最低基準（現・児童福祉施設の設備及び運営に関する基準）を改正する省令が 1998（平成 10）年 2 月に公布され、児童福祉施設の長に対し懲戒に係る権限の濫用を禁止する規定が設けられました（第 9 条の 3）。そして児童福祉法の 2008（同 20）年の改正において「被措置児童等虐待の防止等」に関する条項（第 33 条の 10 〜第 33 条の 17）が加わり、2009（同 21）年 4 月施行をふまえ「被措置児童等虐待対応ガイドライン」が作成されました。

　上記のケースでは、10 年余りの長期間にわたり権利が侵害されています。仮に子どもの権利ノート等を活用した心理教育や意見箱の設置など意見表明の機会確保が工夫されていた場合でも、口止めや脅しがあれば助けを求めることが困難になる可能性があります。また、過去には子どもから聞き取りをした職員が施設の管理責任者等に訴えた際の対応の遅れ、放置、事実の揉み消し、訴えた職員の不当な降格や異動などの不祥事も実際に起きています。

　こうした状況に対処するため、先にも述べたように 2008（平成 20）年の児童福祉法の改正では、初めて児童福祉施設内等で起こる虐待についての防止・対応策が明記されました [＊15]。子ども本人も施設外部へ直接訴えることが可能なこと、連絡先、手段、守秘義務について積極的に伝える必要があります。ただし、基本的には生活する施設内で大人と子どもの両者が権利を学び合い、保障し合うなかで、重大な権利侵害への発展を未然に防ぐべく、小さな芽を捉えた時点で丁寧に対応することが大切です。こうした環境づくりを支えるために「苦情解決制度」[＊16] が存在します。プライバシーの権利を保障しつつ密室化を防ぎ外部との風通しの良い施設の運営体制を構築するために「第三者評価制度」などが導入されています。

　さらに、2019（令和元）年 6 月に改正された児童福祉法と児童虐待防止法により、親権者や里親、児童福祉施設の長等は「児童のしつけに際して、体罰を加えてはならないこと」が明文化されました [11]。

【引用文献】

1）ユニセフ編『「子どもの権利条約」学習ノート』あゆみ出版　1996 年　p.5,17
2）フィリップ・アリエス著、杉山光信・杉山恵美子訳『＜子供＞の誕生―アンシャン・レジーム期の子供と家族生活―』みすず書房　1980 年　p.40,384
3）厚生労働省「社会的養育の推進に向けて（令和 5 年 4 月）」

　　　http://www.mhlw.go.jp/content/000503210.pdf（2019 年 8 月 16 日閲覧）
4）内閣府「ひとり親世帯の現状」
　　　https://www5.cao.go.jp/keizai2/keizai-syakai/future2/chuukan_devided/
　　　saishu-sankou_part6.pdf（2023 年 7 月 10 日閲覧）
5）厚生労働省雇用均等・児童家庭局長通知「児童養護施設運営指針」
　　　http://www.mhlw.go.jp/bunya/kodomo/syakaiteki_yougo/dl/yougo_
　　　genjou_04.pdf（2017 年 5 月 12 日閲覧）
6）増沢高他「児童虐待に関する文献研究（第 6 報）子ども虐待と発達障害の関
　　　連に焦点をあてた文献の分析」『子どもの虹情報研修センター紀要』No. 8
　　　2010 年　pp.154-162
7）発達障害者支援法ガイドブック編集委員会『発達障害者支援法ガイドブック』
　　　河出書房新書　2005 年　p.30
8）文部科学省「合理的配慮について」
　　　http://www.mext.go.jp/b_menu/shingi/chukyo/chukyo3/044/
　　　attach/1297380.htm（2023 年 7 月 10 日閲覧）
9）栄留里美・鳥海直美・堀正嗣・吉池毅志『アドボカシーってなに？　―施設
　　　訪問アドボカシーのはじめかた―』解放出版社　2021 年　pp.71-72
10）厚生労働省「被措置児童等虐待届出等制度の実施状況について」
　　　http://www.mhlw.go.jp/stf/seisakunitsuite/bunya/kodomo/kodomo_
　　　kosodate/syakaiteki_yougo/04.html（2023 年 7 月 10 日閲覧）
11）鈴木亜由美「児童虐待防止対策の強化を図るための児童福祉法等改正案―主
　　　な内容と論点―」『立法と調査』412　参議院事務局　2019 年　p.76

【参考文献】
●永井憲一・寺脇隆夫編『解説・子どもの権利条約』日本評論社　1990 年
●喜多明人「世界の児童憲章：教育・福祉分野における国際的共同事業：世界の児
　童憲章・宣言史料」『立正大学人文科学研究所年報』21　1983 年

●学びを振り返るアウトプットノート

年　月　日（　）第（　）限　　学籍番号＿＿＿＿＿＿＿＿　氏名＿＿＿＿＿＿＿＿＿＿＿＿＿＿＿

❖ この Chapter で学んだこと、そのなかで感じたこと（テーマを変更してもOK）

❖ 理解できなかったこと、疑問点（テーマを変更してもOK）

✛ TRYしてみよう ✛

① 子どもの権利条約は、子どもを権利（　　　　　　　　　）の主体として尊重している。

② 「障害者差別解消法」では、「不当な差別の禁止」と「（　　　　　　　　　）の提供」が求められている。

③ 児童福祉施設最低基準を改正する省令（1998［平成10］年）では、児童福祉施設の長に対し、（　　　　　　　　　）に係る権限の濫用を禁止する規定が設けられた。

社会的養護の体系と実践
Chapter 4

●イメージをつかむインプットノート

Section 1 「社会的養護に関わる法律等」のアウトライン

社会的養護に関わる法律や省令等は、基本となる考え方や守るべき決まりなどを示しており、社会的養護を実施するための根拠となっています（p.61）。

> **Keyword**
>
> ☑ 児童福祉法
> ☑ 児童虐待の防止等に関する法律
> ☑ 児童福祉施設の設備及び運営に関する基準
> ☑ 里親が行う養育に関する最低基準

Section 2 「施設養護と家庭養護」のアウトライン

わが国における社会的養護は、児童福祉施設において生活する形態（施設養護）と里親等の家庭において生活する形態（家庭養護）の大きく2つに分けることができます（p.64）。

> **Keyword**
>
> ☑ 施設養護　　☑ 家庭養護

施設養護

近年では施設養護においても、子どもたちが少人数で生活できるような工夫がされています。

家庭養護

家庭養護は、一般的な家庭で2名ほどの養育者と少数の子どもとが地域で生活をします。

Section 3 「施設養護の過程」のアウトライン

　児童福祉施設では、衣食住や学習など日常生活を送るうえで基本となる養護のほかに、入所前、入所中、退所前、退所後など、施設生活の各局面において必要な養護が実施されています（p.66）。

Keyword

☑ アドミッションケア　☑ インケア　☑ リービングケア　☑ アフターケア

入所前　　　　　　　　入所中　　　　　　　　退所後

Section 4 「社会的養護の今後」のアウトライン

　社会的養護の現在の課題と、近年の社会的養護に関わる制度・政策の動向から社会的養護の今後について考えます（p.68）。

Keyword

☑ 新しい社会的養育ビジョン　☑ 家庭的養護の推進　☑ 在宅養護

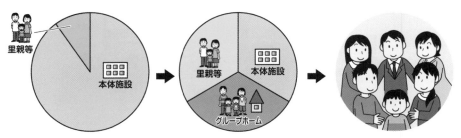

2010 年以前
本体施設が9割、里親等が1割

「社会的養護の課題と将来像」（2011 年）
本体施設、グループホーム、里親等を各概ね3分の1

「新しい社会的養育ビジョン」（2017 年）
さらに在宅支援を拡充し、地域のなかで子どもが暮らせる形へ

Section 1 社会的養護に関わる法律等

⏱️ 3分 Thinking

・私たちにとって法律（社会的養護に関わるものに限らず）とはどのようなものなのか、考えてみましょう。

1　社会的養護に関わる法律等

要約 ▶「児童福祉法」をはじめとする社会的養護に関わる法規（法律や省令等）は、社会的養護を実施するうえで基本となる考え方や守るべき決まりなどを示しています。それらを学ぶことは、わが国の社会的養護の到達点や課題を把握することにつながります。

① 児童福祉法

「児童福祉法」は、子どもの福祉に関する総合的で基本的な法律ですが、社会的養護に関わる事柄についても定めています。社会的養護を必要とする子どもについては、「要保護児童（保護者のない児童又は保護者に監護させることが不適当であると認められる児童）」（第6条の3第8項）と定義しています。そして要保護児童を発見した者は、市町村、都道府県の設置する福祉事務所や児童相談所、児童委員を介して市町村、都道府県の設置する福祉事務所や児童相談所に通告しなければならない（第25条第1項）として、要保護児童の発見と通告の義務について定めています。

通告された子どものうち社会的養護が必要と児童相談所が判断する場合、児童を小規模住居型児童養育事業*1を行う者や里親に委託、又は乳児院、児童養護施設、障害児入所施設、児童心理治療施設、児童自立支援施設に入所させること（第27条第1項第3号）などの必要な措置を都道府県がとります。なお、児童福祉法で「児童」は「満18歳に満たない者」と定義されていますが、必要な場合、児童養護施設等においては、年齢を制限せず満18歳を越えても委託、措置等の延長ができます（2024［令和6］年施行）。

> *1
> 要保護児童の養育に関し相当の経験を有する者等（里親を除く）の住居において6人まで児童の養育を行う事業。通称ファミリーホーム。

② 児童福祉法における各児童福祉施設および里親の定義

児童福祉法においては、社会的養護に関わる児童福祉施設と里親について定義しています。なお、社会的養護に関わる児童福祉施設についての詳細はChapter 5 および Chapter 7、里親をはじめとする家庭養護の詳細につ

いてはこのChapterのSection 2およびChapter 6を参照してください。

③ 児童虐待の防止等に関する法律

　「児童虐待の防止等に関する法律」は、児童に対する虐待の禁止、児童虐待の予防や早期発見、児童虐待の防止に関する国・地方公共団体の責務、児童虐待を受けた児童の保護や自立の支援のための措置等を定めることを目的とした法律です（第1条）。

　この法律では、「児童虐待」*2を保護者からの虐待と定義し、保護者からの虐待を防止するために国、地方公共団体や児童相談所等の役割を定めていますが、この法律で示している保護者には児童福祉施設の施設長や里親も含まれます。なお、児童福祉施設やファミリーホームの職員、里親の同居人など（以下「施設職員等」）は、従来この法律で示している保護者には当てはまらなかったため、2008（平成20）年の児童福祉法改正で「被措置児童等虐待の防止等」についての規定が盛り込まれました。これにより、施設職員等が施設や里親に措置・委託されている子ども（被措置児童等）に対して行う虐待を防止する仕組みが制度化されました。

　また第5条では、児童福祉施設の職員をはじめとする子どもの福祉に職務上関係のある者は、「児童虐待を発見しやすい立場にあることを自覚し、児童虐待の早期発見に努めなければならない」（第5条第1項）、「学校及び児童福祉施設は、児童及び保護者に対して、児童虐待の防止のための教育又は啓発に努めなければならない」（同条第3項）と定めています。また、第12条第1項では、児童虐待の防止や児童虐待を受けた子どもの保護のため必要があると認めるときは、児童相談所長と施設長が、児童虐待を行った保護者について、子どもとの面会や通信の全部または一部を制限することができると規定されています。

　1990年代後半以降、わが国において子ども虐待が社会問題化したことで、社会的養護に関わる施設や里親は、主に虐待を受けた子どもの生活の場としての役割が期待され、実際そのように対応してきました。この法律は、社会的養護に関わる児童福祉施設の施設長や職員、里親といった人々には、日々の子どもの養育に加え、虐待の早期発見や啓発活動をはじめとする子ども虐待を防止する役割があることを示しています。

④ 児童福祉施設の設備及び運営に関する基準

　「児童福祉施設の設備及び運営に関する基準」は、児童福祉法第45条第1項の「都道府県は、児童福祉施設の設備及び運営について、条例で基準を定めなければならない。この場合において、その基準は、子どもの身体的、

＊2
P.25の＊12を参照。

精神的及び社会的な発達のために必要な生活水準を確保するものでなければならない」という条文を根拠に定められた厚生労働省令です。

　この省令は、「児童福祉施設に入所している者が、明るくて、衛生的な環境において、素養があり、かつ、適切な訓練を受けた職員の指導により、心身ともに健やかにして、社会に適応するように育成されることを保障する」（第2条）ことを目的としており、その理念として「児童福祉施設は、最低基準を超えて、常に、その設備及び運営を向上させなければならない」（第4条第1項）、「児童福祉施設は、入所している者の人権に十分配慮するとともに、一人一人の人格を尊重して、その運営を行わなければならない」（第5条第1項）ことを定めています。加えて、児童福祉施設における職員の一般的要件、職員の知識や技能の向上、虐待等の禁止、懲戒にかかる権限の濫用禁止、衛生管理、食事、施設内部の規定、秘密保持、苦情への対応などを定めています。

　また、各児童福祉施設の設備や職員配置の基準も示しています。例えば児童養護施設の場合は、設けるべき部屋や設備、居室の一室当たりの定員や一人当たりの面積、配置すべき職種とその人数[3]、施設長の資格、生活指導・学習指導・職業指導や家庭環境の調整に関する規定、自立支援計画[4]の策定義務、自己評価や第三者評価をはじめとする業務の質の評価、関係機関との連携などについて定めています。

　なお、この省令は1948（昭和23）年の制定時から「児童福祉施設最低基準」という名称で運用されてきましたが、2012（平成24）年の児童福祉法改正で都道府県等に条例へ委任され、現在の名称（児童福祉施設の設備及び運営に関する基準）に変更されました。

　改正後の児童福祉法第45条第2項では、厚生労働省令で定める基準に従うものとして、①児童福祉施設に配置する従業者とその員数、②児童福祉施設の居室や病室の床面積その他児童福祉施設の設備に関する事項であって子どもの健全な発達に密接に関連するものとして厚生労働省令で定めるもの、の2点を示しました。そして、上記以外については厚生労働省令で定める基準を参酌（十分に参照）するものとして、地方自治体ごとに条例で独自の基準を設けることが可能になりました。

⑤ 里親が行う養育に関する最低基準

　児童福祉施設だけでなく、里親養育についても児童福祉法第45条の2を根拠に「里親が行う養育に関する最低基準」（厚生労働省令）が設けられています。ここでは、里親が行う養育の目的について「委託児童の自主性を尊重し、基本的な生活習慣を確立するとともに、豊かな人間性及び社会性を養い、委託児童の自立を支援すること」と定め、その目的を遂行するため「都道府

*3
P.88～89を参照。

*4　**自立支援計画**
自立支援計画とは、養育・支援等の目的を達成するための筋道を示すものとして作成される計画書のことです。「児童福祉施設の設備及び運営に関する基準」では、児童養護施設、乳児院、母子生活支援施設、児童心理治療施設、児童自立支援施設において策定することが義務付けられています。また、里親養育に関する自立支援計画は、「里親が行う養育に関する最低基準」において位置付けられています。

県（指定都市及び児童相談所設置市を含む。）が行う研修を受け、その資質の向上を図るように努めなければならない」（第4条）としています。主な内容としては、虐待の禁止や懲戒にかかる権限の濫用禁止、苦情への対応、養育する委託児童の人数や期間の限度、関係機関との連携などが定められています。

3分 Thinking

• 社会的養護を必要とする子どもが家庭で育つことには、どのようなメリットがあるのか、考えてみましょう。

1 施設養護と家庭養護

要約 ▶ わが国の社会的養護は、児童福祉施設において生活する「施設養護」と里親等の家庭において生活する「家庭養護」の2つに大きく分けられます。これらは、家庭に代わる生活の場として子どもの人権を守りその育ちを支援する役割を果たしています。

社会的養護を必要とする子どもが生活する場として、乳児院や児童養護施設をはじめとする児童福祉施設や里親などの制度が用意されています。これらはいずれも、家庭に代わる生活の場として子どもの人権を守りその育ちを支援する役割を果たしています。そして、乳児院や児童養護施設をはじめとする社会的養護に関わる児童福祉施設における養育を「施設養護」、里親（養育里親・専門里親・親族里親・養子縁組里親）やファミリーホームにおける養育を「家庭養護」と呼んでいます。

① 施設養護と家庭養護をめぐる用語の整理

従来、「施設養護」に対する言葉として、「家庭養護」や「家庭的養護」など複数の用語が使用されてきました。そして、「家庭養護」および「家庭的養護」はそれぞれ区別して使用されることが少なく、施設の小規模化や里親制度の拡充が進められた2000年代以降は混乱が生じていました。そこで、厚生労働省は「家庭養護」と「家庭的養護」の用語を区別し、「施設養護」に対する言葉として、里親等には「家庭養護」を用い、また、施設において家庭的な養育環境を目指す小規模化の取り組みには、「家庭的養護」を用い、

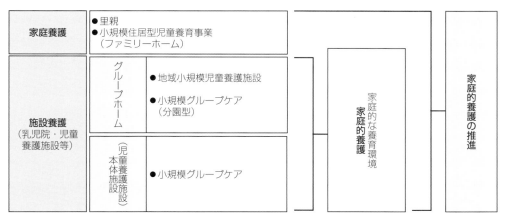

図4-1　社会的養護に関わる用語の整理

出典：厚生労働省「第13回社会保障審議会児童部会社会的養護専門委員会配布資料　家庭養護
と家庭的養護の用語の整理について」2012年を一部改変

　両者を合わせていうときは、これまで通り「家庭的養護の推進」を用いると
して、図4-1の通りに整理を行いました。

② 施設養護

　施設養護とは、社会的養護を必要とする子ども、つまり虐待や貧困などの
さまざまな理由により、家庭での生活が困難な状態にある子どもに対応し、
乳児院や児童養護施設をはじめとする児童福祉施設において養育を行うこと
を指します。そして、社会的養護に関わる児童福祉施設は表4-1の通りに
分類できます。それによると社会的養護に関わる児童福祉施設は、その利用
方法である、入所施設・通所施設・利用施設の3種類に分けることができる
と同時に、養護系施設・障害系施設というように施設のもつ機能や役割に応
じて分類することもできます。
　入所施設とは、子どもまたは母子が施設に入居して生活する施設です。施
設が家庭の役割を担い、専門的な治療や訓練なども行います。通所施設では、
子どもが家庭から通い、必要な治療や訓練などを行います。利用施設は、地

表4-1　社会的養護に関わる児童福祉施設の類型

	入所施設	通所施設・通所機能	利用施設
養護系施設	乳児院 母子生活支援施設 児童養護施設 児童心理治療施設 児童自立支援施設 自立援助ホーム	児童心理治療施設※ 児童自立支援施設※	児童家庭支援センター
障害系施設	福祉型障害児入所施設 医療型障害児入所施設	児童発達支援センター	なし

※　通所機能を有する施設。

域の子育て家庭へ支援プログラムや環境を提供し、相談援助などを行っています。また、養護系施設は、養育環境上の問題に対応し子どもの養護や心理治療等を行っており、障害系施設は、子どもの障害等に対し療育や治療・訓練等を行っています。加えて、養護系施設、障害系施設のどちらもが家庭支援も行います。

入所型の施設における生活形態は、その規模によって分けられ、一つの養育単位において12人以下の子どもが生活する場合を「小舎」、13～19人を「中舎」、20人以上を「大舎」と区分しています。現在は、施設においても家庭的な養育環境を実現するため、従来は多数を占めていた大舎制から、生活単位がより小規模な形態へと移行が進められています。施設における生活形態の小規模化は、①施設の定員そのものを減らす、②施設の養育単位を小さくする小規模グループケアを採用する、③地域のグループホーム（地域小規模児童養護施設、分園型小規模グループケア）を増やす、という主に3つの方法がとられています。

③ 家庭養護

家庭養護には、里親やファミリーホーム（小規模住居型児童養育事業）が当てはまりますが、これらは養育者の家庭に子どもを迎え入れて養育を行う形をとっています。その対象は、社会的養護を必要とする原則18歳未満の子どもですが、子どもの自立を図るためなど、必要な場合は年齢を制限せず、満18歳を越えても委託の延長が認められています（2024［令和6］年度施行）。

Section 3 施設養護の過程

3分 Thinking

・施設を退所した後、子どもは家庭に戻ったり、就職や進学で一人暮らしを始めたりします。そのときに、それぞれどのような手助けが必要となるか考えてみましょう。

1　施設養護の過程

> **要約** ▶ 児童福祉施設では、入所する子どもが日常生活を送るなかで受ける入所中の養護（インケア）を基本に、入所前（アドミッションケア）、退所前（リービングケア）、退所後（アフターケア）といった、各局面において必要な養護を実施し、子どもの自立を支援しています。

　施設では、子どもの自立に向けた一貫した養護を実施するために、アドミッションケア（入所前後）、インケア（入所中）、リービングケア（退所前）、アフターケア（退所後）という４つの養護過程が自立支援計画等に基づき実践されています。なお、これらのうちアフターケアについては、2004（平成16）年の児童福祉法改正で「退所した者への相談その他の援助」を行うこととして、社会的養護に関わる施設における養育の目的の一つに加えられました。

① アドミッションケア（入所前後）

　施設入所前から入所直後までの取り組みのことで、児童相談所が中心となり実施されます。まず、危機介入や相談、訪問指導など、養護問題が把握された当初に行われる支援があります。その後、施設や里親等による養護が必要だと判断される場合には、児童相談所による行政手続きである「措置」を通じて施設入所や里親委託の決定を行います。さらに、児童相談所と施設等が協働して子どもとその家族への支援に関する「自立支援計画」を作成します。また、施設の生活について子どもがイメージをつかみ不安を和らげるため丁寧に説明を行い、「子どもの権利ノート」*5 を配布するなどして自らが権利の主体であり、大切にされるべき存在であることの理解を図ります。

*5
P.54 を参照。

　入所直後の子どもは、これまでの生活環境から施設生活へと変化することについて、戸惑いや不安、反発や拒否感といった感情を抱くことが多いので、それを和らげる丁寧な対応が求められます。まずは、子どもの存在を全面的に認め、受けとめる関わりを通じて、子どもと職員との信頼関係を築いていくことが目指されます。

② インケア（入所中）

　施設入所中における日常生活の支援を指します。職員やほかの子どもたちとの信頼関係を築き、衣食住や遊び、学習などといった日々生活の積み重ねを通じて情緒を安定させ、一人ひとりの発達や状況に応じ、生活技術や習慣を身に付けていきます。あわせて、虐待や不適切な養育による悪影響からの回復を目指して専門な関わりや治療を行い、人との信頼関係や自己肯定感を

育みます。また、親子関係を調整するため家庭への支援も行われます。

③ リービングケア（退所前）

　就職や家庭復帰など、施設退所後の生活環境の大きな変化に対応するため退所前に退所後の生活を見据えた準備を行う際の支援です。

　就職の場合は、進路の話し合いや職場体験実習などを通して社会生活を送ることについて自覚を促していきます。家庭復帰の場合は、事前に保護者との話し合いや面会、帰省などを重ねる取り組みを行い、親子の関係づくりを支援します。いずれにしても、子ども本人の意思や自己決定を尊重すること、退所後の相談窓口が施設や職員であることを子どもや保護者に理解してもらい、信頼関係を構築しておくことが重要です。

④ アフターケア（退所後）

　社会的養護を必要とする子どもの多くは養育環境に問題があるため、被虐待経験などさまざまな悩みを抱え、保護者からの養育や支援が見込みにくい場合が多々あります。施設を退所し就職した子どもについても、通常ならば期待できるさまざまな保護者の支援が期待できないなかで、不安定な雇用環境を余儀なくされている現状があります。そのため、アフターケア・自立支援事業が行われてきました[*6]。

　一方、家庭復帰を果たした子どもについても家族との関係がうまくいかないなど、さまざまな悩みが生じます。そのような子どもや家族に対して施設や職員が相談窓口となり、利用できる社会資源について情報提供し、必要に応じて自立援助ホーム等の利用を勧めるなどの対応、日常的な連絡や交流などを通じた継続的な支援が行われます。さらに、2022年の児童福祉法改正で「親子再統合支援事業」が制度化され、虐待等により傷ついた親子関係の修復や再構築（親子再統合）が図られます（2024［令和6］年度施行）。

*6
親子再統合支援事業は、措置解除後の家庭生活の再開を図るため、ピア・カウンセリングや保護者支援プログラム等の提供をはじめ、子どもと保護者に対して情報提供、相談・助言等の支援を行います。

Section 4　社会的養護の今後

3分 Thinking

・現在の社会的養護においては、家庭的養護の推進、つまり、里親委託を増やし、施設養護を小規模化する取り組みが進められています。このことについてのメリット・デメリットを考えてみましょう。

1　社会的養護の今後

要約 ▶ 近年、社会的養護は子どもの権利擁護の観点から家庭的養護の推進を目指して急展開しています。今後は、家庭的養護の推進と在宅養護に関する課題を克服し、子どもの最善の利益を保障したより質の高い養護の実現が求められます。

　長年指摘され続けている社会的養護の課題として、施設においては職員配置基準の充実や専門性およびケア水準の向上という課題、里親等においてはその担い手の開拓とケア水準の向上という課題があります。特に、2000年代以降、社会的養護は子どもの権利擁護の観点から家庭的養護の推進を目指して急展開しています。それに伴い、上記の課題に加え、家庭的養護の推進に関わる課題と在宅養護に関する課題などが浮上しています。

① 家庭的養護の推進とその課題

　2011（平成23）年に社会保障審議会の専門部会から「社会的養護の課題と将来像」報告書が発表され、社会的養護の基本的方向は「家庭的養護の推進」「専門的ケアの充実」「自立支援の充実」「家族支援、地域支援の充実」の4点であることが示されました。このうち「家庭的養護の推進」については、従来わが国の社会的養護の主流であった施設養護のうち、半数以上を占めてきた大舎制の大規模な養護から、里親養育や小規模な施設養護へと転換することが掲げられました。具体的には、措置または委託される子どもの割合として、本体施設、グループホーム、里親・ファミリーホーム、それぞれを3分の1ずつにするという数値目標が示されました。そして、この将来像に掲げられた目標は、実現可能なものから速やかに制度化され、対応が進められていました。

　しかし、「社会的養護の課題と将来像」報告書については、里親を中心とする家庭的養護の推進を歓迎する意見が多い一方、わが国の社会的養護の歴史的経緯や実態をふまえた十分な議論がなされていないなどの指摘があり、特に里親への過度な期待を疑問視する声、施設小規模化のデメリットを過小評価しているのではないかといった意見も出されました。また、戦後からほとんど変化のない施設体系を維持したうえで将来像を描くことに対する疑問の声もあがりました。

　その後、2016（平成28）年からは厚生労働省の検討会として「新たな社会的養育の在り方に関する検討会」が設置され、家庭的養護の推進を継続する方向性のもとで、前記の「社会的養護の課題と将来像」報告書の全面的な見直しが行われました（2017 [同29] 年8月まで）。そして、2017（同29）

表4−2 「新しい社会的養育ビジョン」のポイント

・里親とチームで研修や支援を一貫して行うフォスタリング機関の強化
・5年以内に年間1,000人以上の特別養子縁組を成立
・就学前の子どもの新規施設措置入所を原則停止
・3歳未満の子どもは5年以内に、里親委託率を75%以上へ
・就学前の子どもは7年以内に、里親委託率を75%以上へ
・学童期以降の子どもは10年以内に、里親委託率を50%以上へ
・家庭復帰に向けた親子関係の再構築や里親支援など乳児院の機能強化
・5年以内に社会的養護関係機関を評価する専門的評価機構を創設
・里親や乳児院の名称変更

出典:『福祉新聞』（2017年8月7日発行）を筆者が一部改変

　年には、この検討会から「新しい社会的養育ビジョン」が明らかにされました。その内容は、市町村子ども家庭支援体制の構築、児童相談所・一時保護改革などできるだけ親子分離をしないで在宅養育の充実を図るものですが、なかでも、就学前の子どもを施設へ新規措置入所させることを原則停止し、里親委託率を大幅に引き上げるという里親制度の抜本的な改革が掲げられたことが最大の特徴です（表4−2）。

　しかし、この「新しい社会的養育ビジョン」については、里親委託率を大幅に引き上げるにあたって生じる混乱や矛盾、いわゆる「里親ドリフト」と呼ばれるような、里親との折り合いがつかず何人もの里親のもとを転々として生活する子どもの発生をはじめ、里親養育の質の低下を招くのではないかという懸念が指摘されています。

　この「新しい社会的養育ビジョン」を具体化するため、厚生労働省は2019（令和元）年度末までに「都道府県社会的養育推進計画」を策定するよう、各都道府県等に通知を出しました。「都道府県社会的養育推進計画」は、「新しい社会的養育ビジョン」で掲げられた「家庭養育優先原則」を徹底し、子どもの最善の利益の実現に向けて、各都道府県における社会的養育の体制整備の基本的考え方と全体像を策定した上で、計画期間中の具体的な数値目標と達成期限を設定するものであり、具体的な記載事項は表4−3の通りです。

　今後は、「都道府県社会的養育推進計画」がそれぞれどのように策定され、推進されていくのか、その動向に注目し、私たちも社会的養護の今後のあり方を考えていく必要があります。社会的養護に関する議論は、施設や里親等の現実の姿や課題をふまえ、「子どもの最善の利益」を保障するという視点、つまり養護の質や専門性の向上という視点に基づき、より丁寧かつ具体的に行っていくことが求めらます。

表4-3 「都道府県社会的養育推進計画」の記載事項

（1）都道府県における社会的養育の体制整備の基本的考え方及び全体像
（2）当事者である子どもの権利擁護の取組（意見聴取・アドボカシー）
（3）市区町村の子ども家庭支援体制の構築に向けた都道府県の取組
（4）各年度における代替養育を必要とする子ども数の見込み
（5）里親等への委託の推進に向けた取組
（6）パーマネンシー保障としての特別養子縁組等の推進のための支援体制の構築に向けた取組
（7）施設の小規模かつ地域分散化、高機能化及び多機能化・機能転換に向けた取組
（8）一時保護改革に向けた取組
（9）社会的養護自立支援の推進に向けた取組
（10）児童相談所の強化等に向けた取組
（11）留意事項

② 在宅養護に関する課題

　わが国における社会的養護は、これまで「施設養護」と「家庭養護」のどちらでも「子どもを家庭から離す」という分離ケアの形がとられてきました。しかし、子どもが家庭で育つ権利が重視されるようになり、社会的養護を必要とする子どもについても、住み慣れた地域や家庭における在宅での養護が必要とされています。子どもが平日の日中を過ごす保育所等による保育、保健所や市町村の相談機関等による相談や見守り、家事援助等の在宅サービスを組み合わせ、在宅での生活が可能となることが期待されています。

　一方、施設によるアフターケアや施設入所中に行われる親子関係を調整するための家庭支援は、施設養護から在宅生活への移行を支える取り組みであり、在宅養護の一環と捉えることができます。施設における家庭支援については、家庭支援専門相談員が配置されるようになりました。しかし、これらの取り組みは制度的に位置付けられたのが比較的新しく、経験値も含め専門的な蓄積が積まれつつあります。また、そもそも不十分な職員配置基準による慢性的な職員不足のため、施設内の日常業務で手一杯となり、施設外の業務であるこれらの取り組みについては後回しにされがちになるという課題もあります。今後はこれらの課題を克服し、施設から在宅生活へと円滑に移行する取り組みを進展させることが求められます。

【参考文献】

● 神戸賢次・喜多一憲編『新選・児童の社会的養護原理』みらい　2011年
● 神戸賢次・喜多一憲編『演習・児童の社会的養護内容』みらい　2011年
● 小池由佳・山縣文治編『社会的養護　第4版』ミネルヴァ書房　2016年
● 井村圭壮・相澤譲治編『保育と社会的養護』学文社　2014年

●学びを振り返るアウトプットノート

年　月　日(　)　第(　)限　　学籍番号＿＿＿＿＿＿＿＿＿　氏名＿＿＿＿＿＿＿＿＿＿＿＿＿

❖ この Chapter で学んだこと、そのなかで感じたこと（テーマを変更してもOK）

❖ 理解できなかったこと、疑問点（テーマを変更してもOK）

❖ TRYしてみよう ❖

① 児童福祉施設や里親制度など、社会的養護に関することについて定義している法律は
（　　　　　　　　）である。

② わが国の社会的養護は、児童福祉施設において生活する（　　　　　　　　）と里親等の家
庭において生活する（　　　　　　　）の2つに分けられる。

③ 一貫した施設養護を実施するため、アドミッションケア、インケア、リービングケア、
（　　　　　　　　）という4つの養護過程が（　　　　　　　）計画等に基づき実践されている。

Chapter 5 社会的養護の領域と概要① (養護系施設)

●イメージをつかむインプットノート

Section 1 「乳児院」のアウトライン

乳児院は虐待を受けた子どもや何らかの障害のある子どもなど、乳児のみでなく就学前の子どもたちを養育する施設です。医師や看護師、保育士等多くの専門職によって子どもの大切な命を守っています（p.77）。

Keyword

☑ 命を守る
☑ 養育
☑ 権利擁護
☑ 人材育成
☑ 地域との連携

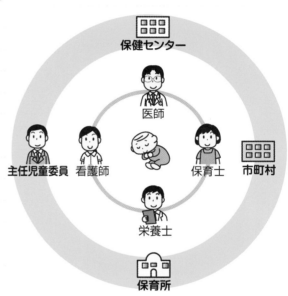

乳児を養育するためには、施設の職員だけではなく、施設を取り巻く社会も共同しています。

Section 2 「母子生活支援施設」のアウトライン

母子生活支援施設は、児童福祉法に規定される児童福祉施設の一つで、子どもだけでなくその母親もともに保護し、支援するところに特徴があります。近年はドメスティック・バイオレンスによる入所が増加しています（p.81）。

Keyword

☑ 母子世帯　☑ ドメスティック・バイオレンス（DV）　☑ 障害のある母親
☑ 児童福祉施設の設備及び運営に関する基準

終戦直後は夫を戦争で失った母子を保護することが多かった。

現在は、ドメスティックバイオレンス（DV）の被害を受けた母子の保護が多い。

Section 3 「児童養護施設（小規模グループケア・地域小規模児童養護施設）」のアウトライン

　　児童養護施設には、虐待、両親の離婚や疾患など、さまざまな理由で保護者と暮らすことができない子どもたちが生活しています。近年は、より家庭的な環境で、職員との個別的な関係を基盤にし、きめ細やかなケアをすることが求められており、「小規模グループケア」「地域小規模児童養護施設」など施設の小規模化・地域化が進められています（p.87）。

Keyword
- ☑ 小規模グループケア
- ☑ 地域小規模児童養護施設
- ☑ 家庭的な養育
- ☑ さまざまな支援内容
- ☑ 子ども集団づくり
- ☑ 職員集団づくり

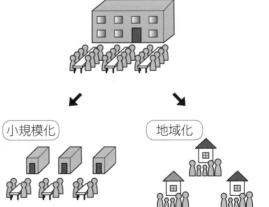

児童養護施設は、より家庭的な環境下で子どもを養育するために施設の「小規模化」「地域化」に取り組んでいます。

Section 4 「児童心理治療施設」のアウトライン

　児童心理治療施設では、心理的な要因などにより、社会生活や学校生活に支障が生じている子どもが自立を図れるように心理治療や生活指導などを行っています（p.96）。

Keyword

☑ 総合環境療法
☑ 心理治療
☑ 生活支援
☑ 安全で安心できる環境

児童心理治療施設に入所している子どもの78.1%が被虐待経験があり、これは社会的養護の施設のなかでもっとも高い割合です。また、入所している子どもの心身の状況からみると、なんらかの障害がある子どもが85.7%います。

Section 5 「児童自立支援施設」のアウトライン

　さまざまな事情から生活が乱れた子どもに対して、その生活の立て直しを図ることを目的とした児童自立支援施設では、子どもが職員との密接な関わりを通してこれまでの自分自身を見つめ直し、人への信頼感を回復していきます（p.101）。

Keyword

☑ 寄り添う　☑ つまずき　☑ 枠　☑ 守られた生活の場

生活が乱れた子どもが入所し、生活支援、作業支援、学習支援などを通して生活の立て直しを図ります。

Section 6 「自立援助ホーム」のアウトライン

　自立援助ホームは、義務教育終了後の 15 ～ 20 歳までの子どものうち、何らかの事情により家庭がない子どもや家庭にいることができない子どもが入所して、自立を目指す施設で、生活援助や就業援助等を行っています（p.106）。

Keyword

- ☑ 児童自立生活援助事業
- ☑ 被虐待児
- ☑ 児童福祉施設出身者
- ☑ 家庭裁判所補導委託
- ☑ 生活・就業援助
- ☑ 学業支援
- ☑ アフターケア
- ☑ ステップハウス

施設を退所したけれど、一人で生活していくには悩みや不安があります。

自立援助ホームでは、自立のための就業援助および生活援助などを行います。

Section 7 「児童家庭支援センター」のアウトライン

　児童家庭支援センターは、今日、大きな社会問題となっている子ども虐待や子どもの貧困問題に対応するための地域支援拠点として、多様な機関と連携し多彩なファミリーソーシャルワークを展開しています（p.111）。

Keyword

- ☑ ファミリーソーシャルワーク
- ☑ 子ども虐待の発生予防
- ☑ 親子関係再構築支援
- ☑ 里親支援
- ☑ 要保護児童対策地域協議会

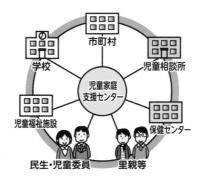

児童家庭支援センターは、市町村の要保護児童対策地域協議会、児童相談所、学校、児童福祉施設（保育所・児童養護施設等）、里親・ファミリーホーム、民生・児童委員など、社会的養護に関わるさまざまな機関をつなぐ結節点です。

乳児院

3分 Thinking

・乳児院では、どのような子どもたちが生活しているのでしょうか。考えてみましょう。

1　施設の目的と概要

> **要約** ▶ 乳児院は、入院した乳幼児を養育し、あわせて退院した子どもについて相談・援助を行うことを目的とする施設です。

① 目的

　乳児院は児童福祉法第37条において、「乳児院は、乳児（保健上、安定した生活環境の確保その他の理由により特に必要のある場合には、幼児を含む。）を入院させ、これを養育し、あわせて退院した者について相談その他の援助を行うことを目的とする施設」と規定されています。

② 利用対象・入所理由

　児童福祉法第37条では、「乳児（保健上、安定した生活環境の確保その他の理由により特に必要のある場合には、幼児を含む。）を入院させ」とありますが、乳児院の場合は児童養護施設の目的に記載してある「保護者のいない」などのように、どのような子どもを対象にしているかは記載されていません。対象年齢は、0歳から就学前の子どもです。産婦人科から直接入所する場合もあるため、生後5日目ごろに入所することもあります。

　入所理由として、厚生労働省「児童養護施設入所児童等調査結果（平成30年2月1日現在）」から主な養護問題発生理由を見てみると、虐待（32.6%）、母の精神疾患等（23.2%）、両親の未婚（2.8%）、破産等の経済的理由（6.6%）、母の就労（2.9%）、母の拘禁（3.7%）が上位を占めています。

③ 職員配置

　乳児院には、小児科の診療に相当の経験を有する医師または嘱託医、看護師（保育士、児童指導員をもってこれに代えることができる）、個別対応職員、家庭支援専門相談員、栄養士、調理員を配置しなければなりません。また、心理療法を行う必要があると認められる乳幼児またはその保護者が10人以上い

る場合には、心理療法担当職員を置かなければなりません。さらに、里親支援を行うために里親支援専門相談員を配置することができます。

2　支援内容と今後の課題

> **要約**　▶ 乳児院では養育のあり方を絶えず検証しながら子どもたちの権利擁護のために努力を続けています。

① 支援内容

　児童福祉施設の設備及び運営に関する基準では、乳児院における養育は、「乳幼児の心身及び社会性の健全な発達を促進し、その人格の形成に資することとなるものでなければならない」「乳幼児の年齢及び発達の段階に応じて必要な授乳、食事、排泄、沐浴、入浴、外気浴、睡眠、遊び及び運動のほか、健康状態の把握、健康診断及び必要に応じ行う感染症等の予防処置を含むもの」「家庭環境の調整は、乳幼児の家庭の状況に応じ、親子関係の再構築等が図られるように行わなければならない」（第23条）とされています。このことは厚生労働省から通知されている「乳児院運営指針」にも同様に定められています。

　乳幼児の場合、心身の発達が著しく、月齢により生活の流れが大きく変化するため、個々のきめ細やかな支援が求められます。また、愛着形成の時期にある乳幼児の心の安定を図ることも大切です。乳児院では子どもへの支援のほかに保護者への支援（子育て相談や助言）も行っています。

　全国乳児福祉協議会では、1997（平成9）年より「乳児院養育指針」を作成し、支援内容の統一を図ってきました。さらに、「乳児院倫理綱領」や「より適切なかかわりをするためのチェックポイント」を作成し、職員自らが自己チェックを行い、乳幼児に対する不適切な関わり（マルトリートメント）を排除するなど、乳児院での養育のあり方を絶えず検証しながら子どもたちの権利擁護のために努力を続けています。

② 今後の課題

　全国乳児福祉協議会は、2012（平成24）年に「乳児院の将来ビジョン」を打ち出し、乳児院の課題として、①専門的養育機能の充実、②養育単位の小規模化、③保護者支援・地域支援の充実をあげ、さまざまな取り組みを行ってきました。

　その後の2019（令和元）年9月、同協議会は乳児院の今後の在り方検討委員会の報告書として、「『乳幼児総合支援センター』をめざして」を打ち出

しました。その内容は、「乳児院の将来ビジョン」をベースとし、地域社会の要保護児童・要支援家庭への福祉的アプローチの重要性をアピールするとともに、重点方針である "養育の質の向上と支援の充実" を再確認し、乳児院の強みと今後の方向性を明確にしたものです。

　また、報告書のなかでは「新しい社会的養育ビジョン」で示された、乳児院の高機能化・多機能化の具体的な姿として「乳幼児総合支援センター」が提案されました。その機能として、①小規模環境の養育と課題を抱えた子どもの双方を支援する「小規模養育支援機能」、②特定妊婦等のハイリスクケースの支援事業への協力や実施、要保護児童対策地域協議会への参画を行う「要保護児童等予防的支援機能」、③子どもだけではない、親子一体の「一時保護機能」、④親の受援力を培いながら親子関係を形成し、家族機能を回復させ、再出発までを支援する「親子関係構築支援機能」、⑤里親の開拓・育成し、里親が相談しやすく協働できる継続的な環境を作る「フォスタリング機能」、⑥長期予後の評価・支援を退所児の居住する市町村区との協働で展開する「アフターケア機能」があげられており、これら全ての機能を統括し質的向上を図る基盤としての「センター拠点機能」を担うこととされています（図5−1）。

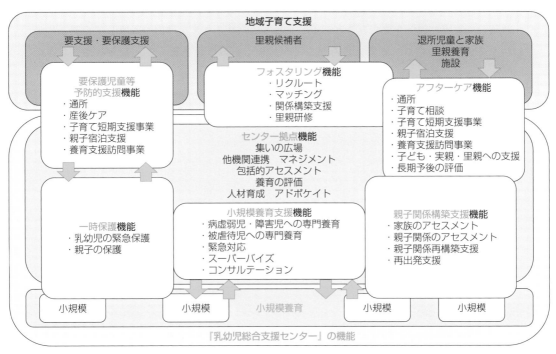

図5−1　「乳幼児総合支援センター」の全体像

出典：全国乳児福祉協議会「『乳幼児総合支援センター』をめざして」2019年　p.16

○ コラム② 乳児院で働く先輩職員 ○

　私が乳児院で働くことになったきっかけは、学生時代の施設実習です。子どもと関わることが好きだったので、幼稚園や保育所などで働きたいと考えていましたが、就職先を決められずにいました。そんな時に実習に行ったのが、現在働いている乳児院です。初めて「乳児院」に行った時、とても温かく、丁寧に子どもを見ていると感じ、ここで働いてみたいと思いました。

　就職してすぐに、担当児を持ちました。就職したばかりで、基本的な仕事を覚えながら担当業務も覚えていくという、慌ただしい毎日でした。担当業務は、医療機関への受診や予防接種、健康診断へ行くこと、保護者等との面会対応など、たくさんあります。食事についても、月齢やそれぞれの子どもの発育に合わせ、栄養士と相談をしながら進めています。就職した当初は、子どもの人見知り、夜勤の寝かしつけなど、子どもとの関わりのなかで上手くいかず、悩むこともたくさんありました。しかし、先輩職員に話を聞いてもらったり、フォローをしてもらったりしたおかげで、焦らず、子どもたちとしっかり向き合っていこうと思うことができました。また、乳児院では、子どもだけでなく、職員、ご家族の方など、多くの人と関わるため、信頼関係をつくることの大切さを学びました。

　就職して実際に現場を見てみると、子どもたちは、さまざまな理由で入所してくることがわかります。世の中で、本当にこんなことが起きているのかと驚くこともあります。近年は、ケアニーズの高い乳幼児が増え、職員の専門性も必要になってきています。また、小規模化の動き等もあり、職員の育成も大切です。私が働いている乳児院では、職員同士の情報共有や、実習生の受け入れを丁寧に行い、人材育成に取り組んでいます。ほかにも、キャンプやお祭りを通し、地域との交流も大切にしています。

　乳児院は、保育所等に比べ、業務内容なども含めて知られていないことが多いと思いますが、私の学生時代と同じように、もし就職先で迷っている方がいたら、是非一度、乳児院を見学してみてください。実際に行ってみることが、「知る」第一歩だと思います。乳児院に限ったことではありませんが、児童福祉施設で職員の交代などがあると、子どもたちの心身が不安定になることもあるため、実際に見学・体験をして、自分に合った施設へ就職できると良いと思います。そして、施設の特徴や取り組みなどをどんどん発信していけると良いと思っています。

母子生活支援施設

3分 Thinking

・母子世帯が地域で自立した生活を営めなくなる理由を考えてみましょう。

1　施設の目的と概要

> **要約** ▶ 母子生活支援施設は、地域で自立した生活を営めなくなった母子を保護し、再び地域で安心・安全な生活を営めるように支援する施設です。職員には、子どもだけでなく母親も含めた世帯が抱えるさまざまな生活問題を支援するための知識・技術が求められます。

① 目的

　母子生活支援施設はかつて母子寮という名称で、「配偶者のない女子又はこれに準ずる事情にある女子及びその者の監護すべき児童を入所させて、これらの者を保護すること」を目的に設置・運営されていましたが、1997（平成9）年の児童福祉法改正により、「これらの者の自立の促進のためにその生活を支援」することが目的に加えられ、その名称も「母子生活支援施設」に変更されました。さらに、2004（同16）年の改正で、その目的に「あわせて退所した者について相談その他の援助を行うこと」というアフターケア機能が加えられ今日に至っています（児童福祉法第38条）。

　母子寮は当初、戦争によって夫（父）を失った母子（戦災母子）の保護を目的にその数を増やしました。1960年代になると戦災母子の減少とともに

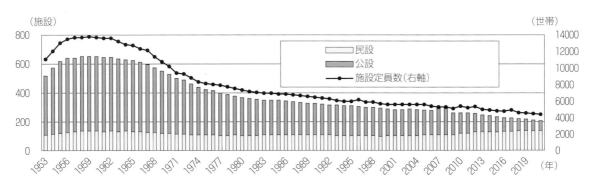

図5-2　母子生活支援施設の稼働施設数と施設定員数の変移
出典：『社会福祉統計年報』『社会福祉施設等調査報告』より筆者作成

その数を減らし、近年ではピーク時の半分以下になっています。減少は特に公設施設で顕著です（図5－2）。

② 利用対象・入所理由

児童福祉法では母子生活支援施設の支援対象を、児童福祉法の対象となる18歳未満の子どもとそれを監護する女性としています。そのほとんどは母子世帯ですが、ごくまれに祖母と18歳未満の孫や、成人し経済的に自立している姉と18歳未満の弟妹といった世帯もみられます。

入所している世帯の子どもはほとんどが18歳未満ですが[*1]、母親の年齢は10代から60歳を超える者まで幅広く、18歳未満の母親とその子どもが入所することもあります。

母子生活支援施設では住宅事情や経済的な理由により入所する世帯に加え、近年では夫などからの暴力（ドメスティック・バイオレンス：DV）を理由に入所する世帯が増加しており、その割合は5割を超えています。また、入所世帯の1割は外国籍の母親とその子どもの世帯が占めています。さらに出産前の特定妊婦などの利用も始まり、今後母子生活支援施設に求められる役割・機能はより多様化・複雑化していくことが予想されます[*2]。

入所にあたっては、乳児院や児童養護施設が児童相談所による措置であるのに対し、母子生活支援施設は図5－3のように母親が福祉事務所に申し込む契約方式をとっています（児童福祉法第23条）。

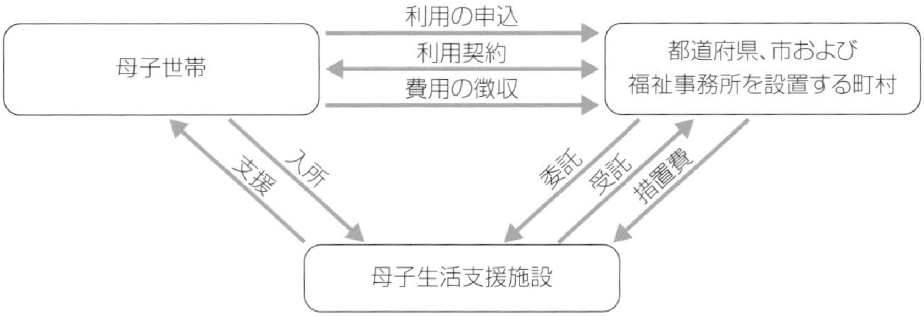

図5－3　母子生活支援施設の入所方式

出典：筆者作成

③ 職員配置

児童福祉施設の設備及び運営に関する基準（以下「設備運営基準」）では、母子生活支援施設に、母子支援員、嘱託医、少年を指導する職員（少年指導員）および調理員またはこれに代わるべき者を置かなければならないと定められています（設備運営基準第27条）。実際には、保育士、社会福祉士、精神保健

*1
児童福祉法の運用上、高校3年生の3月までは児童とみなすほか、児童福祉法第31条において都道府県等は、すでに入所している児童について、「その保護者から申込みがあり、かつ、必要があると認めるときは、満20歳に達するまで、引き続きその者を母子生活支援施設において保護することができる」と定めています。

*2
全国社会福祉協議会・全国母子生活支援施設協議会がまとめた『平成26年度全国母子生活支援施設実態調査報告書』によると、新規入所世帯の54.5％が「夫などの暴力」を理由に入所しており、外国籍の母親の入所は、2006（平成18）年以降10％を超えています。なお、同協議会の『令和4年度全国母子生活支援施設基礎調査報告書』では、新規入所世帯の59.2％が「夫などの暴力」を理由に入所しており、増加していることがわかります。

福祉士などの専門職のほか、教育学や心理学に通じた職員が、施設長、基幹的職員、母子支援員、少年指導員、DVを受けた母親や虐待を受けた子どもに対して心理療法を行う心理療法担当職員、個別に特別な支援を行う個別対応職員として働いています。

　母子支援員や少年指導員の数は入所世帯数によって定めがあり、母子支援員は10世帯以上20世帯未満で2人以上、20世帯以上で3人以上と定められています。少年指導員は20世帯以上の施設では2人以上置くように定められています。また、心理療法を行う必要があると認められる母子が10人以上いる場合、心理療法担当職員を置かなければならないと定められています（設備運営基準第27条）。

2　支援内容と今後の課題

> **要約** ▶ 母子生活支援施設では、入所の原因となった生活問題の解決・改善に加え、入所中に発生した生活問題への支援も必要になります。また、未解決の生活問題を抱えたまま施設退所に至った場合、引き続きその問題の解決・改善を支援するとともに、退所後に発生した生活問題の解決・改善にも取り組んでいく必要があります。

① 支援内容

　母子生活支援施設における生活支援の内容は、設備運営基準第29条に、「母子生活支援施設における生活支援は、母子を共に入所させる施設の特性を生かしつつ、親子関係の再構築等及び退所後の生活の安定が図られるよう、個々の母子の家庭生活及び稼働の状況に応じ、就労、家庭生活及び児童の養育に関する相談、助言及び指導並びに関係機関との連絡調整を行う等の支援により、その自立の促進を目的とし、かつ、その私生活を尊重して行わなければならない」と規定されています。また、全国母子生活支援施設協議会は2007（平成19）年4月に7項目からなる倫理綱領を制定し、2017（同29）年に現在の、基本理念、パートナーシップ、自立支援、人権侵害防止、運営・資質の向上、アフターケア、地域と協働に改訂しています。

　実際の支援は、母親の家事、子育て、就労、離婚、生活保護や児童扶養手当の受給、子どもの学習、遊び、進学、就職など、世帯の生活全般にわたる相談・支援に加え、施設退所時のさまざまな手続きや退所後のフォローアップなど多岐にわたります。最近ではDV被害から避難してきた母子の増加に伴い、心理的な支援も求められています。

　施設職員はこれらの支援を児童相談所や福祉事務所、医療機関や教育機関と連携しながら、当事者である母子のニーズを反映した自立支援計画に基づ

＊3
手引きとは、2014（平成26）年3月に厚生労働省雇用均等・児童家庭局家庭福祉課から出された「母子生活支援施設運営ハンドブック」のことです。

いて実施しています。支援の方針については、2012（平成24）年3月に厚生労働省から「母子生活支援施設運営指針」が通知され、その後、指針の内容に基づいた手引き＊3も作成されています。さらに2015（平成27）年にはインケアの充実、地域で暮らすひとり親世帯へのアウトリーチの拡充など今後母子生活支援施設が目指すべき姿を示した「私たちのめざす母子生活支援施設（ビジョン）報告書」が発表されました。

② 今後の課題

　施設運営に関する今後の課題の一つに、定員充足率の低下があります。2022（令和4）年の定員充足率は全体で65.6％、民営施設は67.8％ですが公設公営施設では37.5％と半数以下となっています[1]。母子生活支援施設は母子世帯の保護・支援に欠かせない施設ですが、認知度の低さや施設の老朽化などにより、その役割・機能を十分に発揮できていない施設もあります。
　実際の支援の課題としては、住居の提供だけでなく、各世帯の状況に応じたきめ細やかな支援がこれまで以上に求められるようになっています。図5－3は最近の入所世帯の母親の障害等に関する状況ですが、ＤＶ被害の増加とともに、精神疾患等の罹患者の増加が顕著になっています。それに伴い、就労や子育てにもさまざまな困難が生じているため、就労による経済的な自立だけを目標にするのではなく、制度やサービスを有効に活用しながらそれぞれの世帯の状況に応じた地域生活を実現できるように、関係機関と協力し

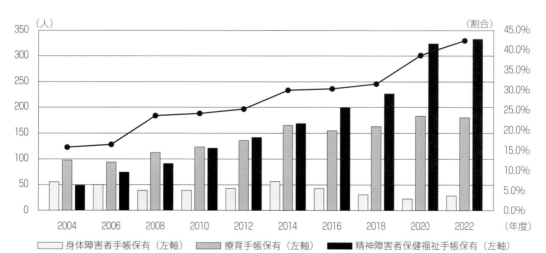

図5－4　障害のある母親の状況

出典：『平成30年度母子生活支援施設基礎調査報告書』『令和4年度全国母子生活支援施設基礎調査報告書』より筆者作成

ながら支援を展開していかなければなりません。入所中の支援はもとより、施設退所後の継続的なアフターケアが重要になるため、それをどのように実現していくかが今後の課題であるといえます。

○ コラム③ 母子生活支援施設で働く先輩職員 ○

　私が母子生活支援施設で働くきっかけになったのは、大学生時代に児童相談所でメンタルフレンド（児童相談所が行っている不登校児童へのボランティア）として不登校児と関わっていたことでした。当時、世間では老人福祉が脚光を浴びており、介護福祉士の育成が盛んで、私自身も大学卒業後は老人福祉の道に進むのだと漠然と考えていました。しかし、不登校児と関わっていくなかで、彼ら個々のエネルギッシュな一面や将来への漠然とした悩みと戦う姿を目の当たりにし、この子たちの人生に何かしら光が見えればよいと思い始め、そのために自分ができることは何であるのかを考えるようになりました。

　それから３年間、ボランティアとして不登校児と関わりました。そのような活動を経て児童福祉の道に入るチャンスを得ることができ、児童養護施設や乳児院ではなく、母子生活支援施設で職員として採用されました。しかし、その当時は母子生活支援施設の業務内容を知っていたわけではなく、毎日が驚きの連続でした。

　母子生活支援施設は、その名前の通り母子の生活を支援する施設です。近年では、配偶者などからの暴力（以下「ＤＶ」）に対する保護を行う施設というイメージでとらえられがちですが、生活困窮や頼る身内のない未婚の母親、若くして出産、離婚を経験してきた母親など、利用する理由はさまざまです。そして利用者に対して、施設長、母子支援員、少年指導員、個別対応職員、保育士、心理職とさまざまな職種の職員がチームを作って日々の支援にあたっています。

　とりわけ社会的養護施設として母子の生活の安定を目指して支援を行っていますが、その内容は就労支援、生活技術の獲得支援、さらにはＤＶ被害者の離婚支援や離婚後の手当等の申請など、さまざまです。そのなかで警察や弁護士、裁判所など連携が必要な関係機関と情報を共有しながら本人の安全を最優先に問題の解決につなげていきます。

　近年は離婚の世代間連鎖というような状況が見られます。利用者自身が親の離婚などで複雑な家庭環境で育ち、そこから逃避する形で結婚、出産をするも生活技術の未熟さから家庭生活の維持ができず破綻してしまったケースが多くなってきている印象を受けます。日本の家族の問題が複雑になってきている状況が顕著になってきたことと同時に、子どもの貧困という問題も社会的な課題になってきているように感じています。

子どもへの支援も少年指導員、保育士の職種で対応しています。子どもの発達状況に合わせて離乳食の作り方を一から教えたり、母親から日々の子育ての悩みや不安を聞き、それに応じて母親へ適切な支援を行っています。先日も、思春期の男児を持つ母親から「最近、子どもにヒゲが生えてきた。どう対処してよいかわからないし、子どもにどのように教えていけばよいかわからない」といった相談がありました。父親目線からの子育ても母親に必要とされる一方で、それが母親自身の大きな不安や悩みになっていることを実感しました。

　少年指導員は、子どもたちへの学習支援や母親が働いている時間帯の子どもたちへの日常生活の支援などを行い、母親の子育てを支えています。母子世帯の平均的な収入は低く、その子どもたちの教育費に割ける金額も少ない状況のなか、学習支援などを通して少年指導員の姿を自分たちの近未来像としてとらえてくれることで、子どもの貧困等の諸問題から1人でも多くの子どもが脱却してくれるとよいと考えながら支援を展開しています。このように母子生活支援施設では、母子世帯として生活が安定していくように多面的な支援を行っています。

　自立して退所していく母子を数多く送り出しましたが、小学校、中学校、高校への入学、大学の合格報告など、退所後の順調な生活の様子やうれしい報告をしてくれる子どもたちの姿にはいつも励まされます。時には結婚や出産などといった大きなイベントに声をかけてくれる子どもたちもいます。

　みなさんは、児童福祉施設等で働くことを夢見て勉学に励んでいると思います。利用者と関わることは利用者一人ひとりの人生の方向性を共に考えて歩むということです。関わり方一つでその人の人生も大きく変わってしまうこととなりますが、その分大きなやりがいがあるということもいえると思います。共に悩み、共に考え、共に将来を見据えて行動に移していく。そんな毎日が利用者を支え、我々職員もまた利用者に支えられながら生きていると実感しています。

　仕事とは言え、自分の人生の一コマを目の前にいる利用者と日々共有しながら生きていくことができる仕事に是非とも魅力を感じてください。もちろん楽しいことばかりではありません。苦しいことも辛いこともありますが、思い切って飛び込んでみてください。そこにはみなさんにとって素晴らしい世界が待っていると思います。

　また、自分の目指す仕事へ熱い情熱を持ってください。願えば叶う。その一言に尽きると思います。みなさんのこれからの活躍を期待しています。

Section 3 児童養護施設
(小規模グループケア・地域小規模児童養護施設)

3分 Thinking

- 児童養護施設は、より家庭的な環境での養育を目指していますが、なぜ家庭的な環境での養育が必要なのか、①社会的養護の歴史、②入所するまでの家庭環境の2つの面から考えてみましょう。

1 施設の目的と概要

要約 児童養護施設は、保護者のない子どもや、虐待などの理由で保護者に監護させることが適当でない子どもに対し、安定した生活環境を整えるとともに、心身の健やかな成長とその自立を支援する機能を持ちます。

近年、施設に入所している子どものうち、虐待を受けた経験のある子どもの割合は半数を超え、愛着障害や発達障害といった何らかの障害がある子どもが増えており、専門的なケアの必要性が増しています。

① 目的

児童養護施設（以下「施設」）は、児童福祉法41条において、「保護者のない児童、虐待されている児童その他環境上養護を要する児童を入所させて、これを養護し、あわせて退所した者に対する相談その他の自立のための援助を行うことを目的とする施設」と定められた児童福祉施設です。2022（令和4）年3月1日現在、612か所の施設が全国で運営されています。

施設では、心に傷を抱える子どもたちの複雑に絡み合った入所背景をひも解き、一人ひとりの子どもに合わせた自立支援計画を作成し、それをもとに支援を行っています。そのなかで、子どもたちは職員との関わりを通して心身の傷を癒し、家庭的な環境のなかで生活能力を育てています。また、再び家庭で暮らすことができるよう、児童相談所と連携して、再び家族が一つになれるように家庭支援を行います。さらに、こうした専門性を生かして、保護者が子育てを抱え込まないように、地域の子育て家庭に対して相談窓口の機能を持つ児童家庭支援センターを併設している施設もあります。

施設の専門性をさらに機能的にするために、地域小規模児童養護施設（以下「グループホーム」）は2000（平成12）年に、小規模グループケアは2004（同

16）年に制度化されました。また、2017（平成29）年には「新しい社会的養育ビジョン」が示され、里親へのフォスタリングケアも求められています。

　　グループホームは、6人定員で地域にある一般住宅を生活の場とすることで、家庭的な雰囲気と地域とのつながりを通した豊富な生活体験が営めることが大きな特徴です。また、小規模グループケアは、本体施設のなかで生活環境を少人数化（ユニット化）し、家庭的な雰囲気で生活できることを目的としています。

　　近年の流れとして、本体施設を大舎制から小規模グループケア化し、それと並行して、グループホームを運営する施設が増えています。グループホームは、一般家屋を利用して運営されます。

　　小規模グループケアでは、これまで施設形態の主流であった、集団的な生活場面が多くを占める大舎制の施設（定員20名以上）から、定員を引き下げて生活空間を小規模化し、6人ごとの「ユニット」といわれる生活単位で、よりきめ細やかな支援・養育を行っています（図5－4）。

　　大舎制の施設では、食事や入浴する時間、個々の自由な時間が日課として決められていました。しかし、小規模グループケア等になったことで、一般的な家庭環境とほぼ同じ空間のなかで家庭的な枠組みで生活することができるようになりました。例えば、キッチンで職員の調理を手伝う子ども、居室で自分の時間を過ごす子ども、部活から帰ってきてすぐに入浴する子どもなど、一人ひとりが自由に生活しつつ、食事や団欒の時間にはリビングで職員

大舎制の例

相談室	児童居室（4人部屋）
ホール兼食堂	児童居室（4人部屋）
	児童居室（4人部屋）
	児童居室（4人部屋）
男子トイレ	児童居室（4人部屋）
洗面所	児童居室（4人部屋）
女子トイレ	
洗濯場	児童居室（個室）
脱衣場	児童居室（個室）
浴室	児童居室（個室）
宿直室	児童居室（個室）

・児童数20名以上
・原則相部屋、高年齢児は個室の場合もある。
・厨房で一括調理して、大食堂へ集合して食べる。

小規模グループケアの例

児童居室（2人部屋）	児童居室（個室）	児童居室（個室）
児童居室（個室）	リビング兼食堂	
児童居室（個室）		
洗濯機	キッチン	
洗面所		
風呂	トイレ	職員宿直室

・児童数6〜8名
・原則個室、低年齢児は2人部屋など
・炊事は個々のユニットのキッチンで職員が行い、児童も参加できる。

図5－4　児童養護施設の形態

出典：厚生労働省『社会的養育の推進に向けて（平成31年4月）』 p.53

や子ども同士で過ごしています。

　職員はこうした家庭的な雰囲気のなかで、子どもと安定した人間関係を築き、心に傷を抱える子どもたち一人ひとりに寄り添い専門的なケアをしています。その生活の継続が、子どもたちの主体的な生活を育み、自立に向けた支援へとつながります。

② 利用対象・入所理由

　施設は、さまざまな家庭の事情により、養護が必要な1歳以上18歳未満の子どもたちを利用対象としています。また、安定した生活環境の確保などの理由で特に必要な場合は1歳未満の乳児も対象となります。2011（平成23）年には、保護者からの援助が困難で、高校卒業後に進学した場合等、原則として20歳まで入所できる「措置延長」制度が加わりました。2022（令和4）年に成立した改正児童福祉法では2024（令和6）年から対象年齢制限の撤廃が決まりました。その背景には、施設を退所したいわゆる「ケアリーバー」が抱える社会的自立の困難さという課題があり、18歳という年齢ありきではなく、丁寧な自立支援の必要性があるためです。

　施設に入所する理由として、近年は虐待が半数以上を占めています。虐待の種別としては、育児放棄（ネグレクト）をはじめ、子どもの身体に直接的な暴力を振るう身体的虐待、存在を否定するなど心理的に傷付ける心理的虐待、性的な暴力を振るう性的虐待などがあります。しかし最近では、子どもの目の前で配偶者に暴力を振るう面前DVや、学習を通して過度にプレッシャーを与える教育虐待といわれているものが増えてきているのも現状です。

　虐待以外の入所理由として、両親の死亡や行方不明、離婚や関係不調、拘禁や入院、精神疾患などがあります。また、破産などによる経済的な理由や、就労などの生活基盤の安定を目指すための短期的な入所、子どもたちの非行による監護困難などもあり、入所の理由は一人ひとり違います。これらの入所理由はさまざまな要因が重複していることが多く、虐待に関しては複数の虐待が絡み合って、発達障害や学習障害に似た症状を引き起こしているケースも多く見られます。そして、虐待・放任などの入所理由で示されている現象（結果）だけではなく、その背景には保護者が置かれている厳しい労働・生活条件や生育歴が大きく影響していることを理解することが、親子に共感的なケアをしていくうえで重要になります。

③ 職員配置

　職員の配置は、国で定められた配置基準をもとに定められており、必要に応じて加算*4をすることで運営されています。子どもたちの生活にかかる

*4　**加算**
施設形態や入所児童数等に応じて、運営するうえで必要な人員を増加させることをいいます。

費用や、人件費を含めた施設の運営費は、国・都道府県等の措置費で賄われています。

　施設には、図5－5に示す職員が配置されています。家庭支援専門相談員はファミリーソーシャルワーカー（以下「FSW」）ともいわれ、家庭支援を主に行う職員です。個別対応職員は、虐待による心の傷が深い場合や、重い発達障害などを抱えている場合などの特に手厚いケアを必要とする子どもに対してより専門的に関わる職員です。管理宿直専門員は、宿直を主に行い、現場の職員が夜勤や宿直に入れない場合にフォローをする職員です。医師に関しては、地域のかかりつけの医師に依頼をして連携しています。

　児童指導員と保育士は、入所している児童の年齢や人数により配置される職員数が決められています。職員数は、0・1歳児1.6人に対して1人、2歳児2人に対して1人、3歳児以上の年少児4人に対して1人、少年（小学1年生以上）は5.5人に対して1人[*5]が配置されています。

　実際には、地方自治体により施設形態や入所児童数で加算が施され、配置基準よりも人員は増えています。しかし、あくまで子どもの人数に対しての配置であるため、24時間・365日の勤務を交代制（早番・遅番・日勤・断続・夜勤・宿直）で支えていると考えると不足しているといえます。また、グループホームの場合は、本体施設に比べて職員数がさらに制限されることから、宿直の回数を増やすことや、非常勤職員や本体施設からのヘルプを活用しながら運営しているのが現状といえます[*6]。

　図5－5の右枠の職員配置は、施設形態により加算される職種です。里親支援専門相談員は、現在すべての施設に配置されているわけではありませんが、今後、里親を推進していくうえでより多くの施設に配置されることが見込まれています。心理療法担当職員は、施設の方針により異なりますが、生活支援と平行してセラピーや発達診断を用いて心理的なケアをする職員です。養護施設出身者のリービングケア（退所前後支援）、アフターケアの必要性が高まるなかで、2020（令和2）年度から全国の児童養護施設に自立支

*5
予算措置上は4人に対して1人になっています。

*6
2019（令和元）年度から「地域分散化加算」として職員配置の強化が図られ、職員の充足を目指しています。

*7
自治体によってはまだ配置されてないところもあり、担い手の育成が急がれています。

●施設長　1人
●家庭支援専門相談員　1人
●個別対応職員　1人
●小規模施設加算　1人（定員45人以下）
●栄養士　1人（定員41人以上）
●調理員等　4人（定員90人以上30人ごとに1人を加算）
●事務員　1人
●管理宿直専門員（非常勤、1人）
●医師　1人（嘱託）
●自立支援担当職員

＋

●児童指導員、保育士
●0・1歳児
　1.6：1（1.5：1、1.4：1、1.3：1）
●2歳児
　2：1
●年少児（3歳〜）
　4：1（3.5：1、3：1）
●少年（就学〜）
　5.5：1（5：1、4.5：1、4：1）
※（）内は加算にて対応。

＋

●里親支援専門相談員加算　1人
●心理療法担当職員加算　1人
●看護師加算　1人
●職業指導員加算　1人
●小規模グループケア加算
　グループ数×（常勤1人＋宿直管理等職員（非常勤）1人）　　　　等

図5－5　児童養護施設の職員配置

出典：図5－4と同じ

援担当職員の配置が可能となりました^{*7}。

2　支援内容と今後の課題

要約 ▶ 施設の支援は、子どもたちが安心して暮らせるように24時間・365日見守るいわば「親業」といわれるものです。特に小規模グループケアとグループホームにおける子どもたちへの支援は生活支援（炊事・洗濯など）をはじめとし、多岐にわたります。また、養育だけでなく自立支援やリービングケアなどニーズの多様化に伴う課題に加えて、職員のすれ違い勤務や問題の抱え込みなどの小規模化ならではの課題があります。

① 支援内容

○生活支援

生活支援は主に児童指導員や保育士が行います。午前中は、子どもたちの起床に始まり、朝食、登校準備、居室やリビングなどの清掃等環境整備が主にあります。午後には、夕食の調理を通した食育（小規模グループケアの多くは栄養士が決めたメニューをもとに、各ユニットで職員が調理を行います）をし、学習、夕食、余暇、入浴、洗濯、就寝の支援を行います。

この生活支援の要は日々の関わりのあり方です。その内容は、担当の職員が中心となり、FSWや心理療法担当職員と協議をし、短期・中期・長期の目標を軸に自立支援計画を立て、日々の支援につなげています。

余暇支援では、ユニット内で過ごすほかに、集団での遊びの場として職員の個性や子どもたちのニーズを生かした関わりを行う施設も多く、野球やサッカーなどのスポーツ、ダンスや楽器などの文化活動を通して、施設としての集団の側面を活用した取り組みを行っている施設もあります。

○家庭支援

FSWが中心となって児童相談所と連携を図りながら、子どもと家庭の関係調整を行い、定期的な面会や外泊などのスケジュール調整、両親の現状の情報収集などを行います。また、家庭復帰が見込めるケースの場合、家族再統合に向けた計画を子どもの担当の職員と、心理士、児童相談所などと協働して計画します。

○心理支援

心理療法担当職員や、児童相談所の心理士が中心となり行います。多くは、ディスカッションやプレイセラピーを用いて、普段の関わりだけでは見ることが難しい心の状況や傾向を探り、生活場面での支援に生かせるように担当職員にフィードバックします。また、発達診断も行い、子どもたちの成長状況などを客観的に捉え、一人ひとりに合った支援方針に役立てます。

〇学校行事、地域への参加

担当の職員を中心に、授業参観や個人懇談、進路相談など、子どもの親代わりとして学校行事に参加します。また、子ども会や地域の清掃活動、スポーツ活動などに参加することで、地域とのつながりを図っています。施設と地域の人々の結び付きを強くすることで、子どもたちを地域全体で見守ることに加え、子どもたちの社会性が育つことを目指しています。

〇自立支援

日常の生活支援のなかで、子どもたちが将来施設を退所した後の生活を想定し、必要な力を身に付けるための支援を指します。2020（令和2年）度から、自立支援に特化した専門職である自立支援担当職員の配置が可能となり、インケア・リービングケア・アフターケアといった一連の流れのなかで、社会的自立を見据えた取り組みが行われています。

具体的には、一人暮らしの練習をしたり、アルバイトを通して社会経験を養ったりと、多様な進路と自己決定ができるように進路支援をしたりします。また、他施設と合同で同年代の子どもたちを集めた研修を行い、自立後の身近なトラブルを学ぶ場を設けるなどの取り組みも行っています。

また、退所後の就労や自活が予定されている子どもから相談を受けたり、施設での解決が難しい場合には必要な専門機関につなげたりして、社会で自立した生活を送ることができるようにするための支援を行います。

〇アフターケア

施設には、退所した子どもからの相談や、その他の自立のための支援も求められます。家庭復帰をするにしても進学・就職をするにしても、退所後の生活環境は施設と比べて安定したものではありません。

具体的には、家庭復帰の場合は家庭訪問をしたり、子どもや保護者の相談を受けたりします。自立や退所の場合も同様に、仕事の相談をはじめ、日常生活における相談（公共料金や保険、年金手続きなど）を受けます。また、必要であれば就労先との関係調整なども行います。

近年は奨学金や給付金などが充実してきていることから、返済等の計画や利用状況の確認などもアフターケアの一環となってくると考えられます。自立のための支援を適切に行うためにも、退所した子どもの生活状況について把握し、施設と地域とで支える環境を整えることが必要になります。

〇その他

上記以外の支援では、種別に応じた会議（全体会議、ユニットごとの会議、個人に焦点化した会議）、施設の行事運営、子どもたちの自治会運営などがあります。また、権利教育や性教育といった教育活動などを行う施設も多く、施設の特色を生かした支援を行っています。

② 今後の課題

　現在、子どもたちに家庭的な養育を行うため、全国で小規模グループケアとグループホームが推進されると同時に子どもたちへのケアは個別化が進められ、それに伴い職員に求められる専門性も高まっています。

　しかし、施設の小規模化には課題もあります。子どもたちがユニットという家庭的な雰囲気のなかで生活していると、通信ゲームやスマートフォンが遊びの主流になったり、集団遊びの場が施設の小規模化により制限されてしまったりすることで、たくさんの子どもと触れ合い、遊びを通して学ぶ場が少なくなっている側面があります。小規模化と個別化が進むなかで、施設が本来持っていた人と人とのつながりを実感するなどの特性を生かした子ども集団づくりが改めて重要になってきているといえます。

　また、小規模グループケアとグループホームの職員に関する共通する課題として、子どもとの距離が物理的・心理的に近くなったことによる心理的負担の増大があります。その背景には、職員同士のすれ違い勤務の増加や、それに伴う職員間の連携の困難さ、若手職員がベテラン職員の背中を見て学ぶ機会の減少など、小規模化による影響があります。また、職員たちのコミュニケーションの場が少なくなったことで問題を抱え込みやすい環境が生まれているのも事実です。それらが慢性化すると、目の前の問題に追われ、ケアの本質を見失うことにつながってしまいます。

　現在の施設に求められているのは「家庭的」な要素と、子どもをケアする職員との「安定した人間関係」です。安定した人間関係には、職員が働き続けられる環境が必要です。そのためには、支援者である職員が、職員集団づくりを基盤として互いに支え合い、子どもの権利と職員の権利を民主的に守っていく環境をつくることが大切です。

○ コラム④ 児童養護施設で働く先輩職員 ○

　私が児童養護施設で働くことになったのは、児童養護施設や一時保護所でアルバイトをした経験からでした。そこには虐待を受けた子どもや親との死別など私の想像をはるかに超える体験をし、重い荷物を背負いながらもたくましく生きている多くの子どもたちの姿がありました。そして児童養護の現場を肌で感じながら、私の原点ともいえる子どもとの出会いがありました。

その子どもは、一時保護所に緊急で保護された３歳ほどの幼児で、全身にあざがあり、特にその顔はまだら模様のように所々に青黒くあざがありました。その子どもにほほ笑んで「こんにちは」と言葉掛けをしても、まったくの無反応で表情がなく、私の方をずっとにらみつけるだけでした。非常に衝撃を受けた体験でした。その後、数日のうちにその外傷は消え、ほほ笑んで無邪気に遊ぶ姿がみられ、子どもの回復力を目の当たりにしました。そしてさまざまな家庭があるこの社会のなかで児童養護施設の必要性と役割を強く感じ、養護に欠ける子どもたちにとって良き環境になれればという想いを抱くようになったのがこの仕事に就く動機となりました。

　私は現在、個別対応職員として働いています。主な業務は、虐待経験により感情の起伏が激しかったり、「どうせ僕なんか……」「私なんて……」と自己肯定感が低かったり、人と上手に関わることができずトラブルになったりする被虐待児を対象として、１対１で関わることや、さまざまな取り組みを通して子どもの自己肯定感の回復を図ることです。これは特効薬もなく非常に時間がかかりますが、丁寧に関わり続けることで着実にその子どもの抱える問題が改善ないし回復していく姿があり、私のやりがいといえます。

　施設に入所したばかりで緊張と不安、泣くばかりの子どもが徐々に担当職員との愛着関係が築かれるのに合わせ、新しいことにチャレンジしたり、担当職員のもとを少しずつ離れたり、自らの足で一歩ずつ自立や成長を遂げていく姿を見ることも私のやりがいとなっています。

　実践現場は悩みがつきないもので、一人で問題を抱え込んでしまいがちになります。そんな時は社会的養護に関わる研究会などへ参加し、同じ想いと悩みを持つ援助者同士で語り合い、学び合うことでモチベーションが高まります。そうしたたくさんの人たちとのつながりが現在の私の支えにもなっています。

　最後に、児童養護施設で働くことを考えているみなさんへメッセージを送ります。現場は常に実践的で応用ばかりです。しかし一方でみなさんが使用するテキストにあるような基本がとても大切だと感じています。ですから机上の空論だと考えることなく、対人援助の原理・原則論や専門職の倫理や価値をよく聞いて考えつつ、常に"なぜか"という観点で考える姿勢がとても重要ではないかと思います。また、少しでも関心を持ったところにボランティアや見学に行くなど、実際に現場を見ることも大切なことですので、積極的にそういった機会をつくって欲しいと思います。

○ コラム⑤ 地域小規模児童養護施設で働く先輩職員 ○

　私が児童養護施設で働くきっかけになったのは、施設で働いている友人の「さまざまな理由で家庭での養育が困難になっている子どもたちをケアしている」という言葉からです。当時、私は小学校で講師をしていましたが、友人の話にとても興味を持ったため、講師の契約が切れるのを待ってすぐに職員を募集している施設を探して、今の職場に就職しました。それから月日は流れ、現在は地域小規模児童養護施設で勤務しています。

　一軒家を中古で買い取り、子どもの定員は6人、職員は3名と本園からの応援職員で運営しています。仕事内容は掃除、洗濯、食事など、子どもの生活全般を受けもちます。勤務は交代制ですので、休みもありますし、本園からの応援もあるので宿直もそれほど多くはありません。一軒家という環境のなかで子どもたちと暮らしているので家族のような雰囲気になります。これがやりがいです。子どもと家族のように衣食住を共にする、子どもの人生にこれほどまでに関われる仕事はほかにありません。

　印象に残っているエピソードはたくさんありますが、特に思い出深いものを紹介します。その子は家庭で虐待されていた男の子で、中学生になるころには学校や施設で暴力や暴言が止まらなくなっていました。その子を地域小規模児童養護施設で受け入れることになったのですが、最初はどんな暴れん坊が来るのだろうと戦々恐々としていました。しかし、本人を見てみるとすごくかわいらしい、愛嬌のある子どもでした。私は「この子は大人の被害者だ、何も悪くない」と常に思うようにしていました。しばらく一緒に暮らしてみると、その子がイライラするときのタイミングがわかるようになりました。そこで「寝る前に一日にあった嫌なことをしっかり聞くね」と話し、毎日寝る前に話を聞くことにしました。するとそれからは嘘のように暴力がなくなりました。

　そんなある日、イライラが抑えきれず、リビングの椅子やテーブルを蹴って外に出て行ってしまうということがありました。外出していた私に連絡が入り、辺りを探していると、歩いている彼を見つけました。その後、見晴らしのよい高台に行き話を聞きました。彼が「暴力を振るっちゃったからまた別の施設に行かないとね」と寂しそうに言ったため、「あなたがいる場所はあなたがいたいと思う場所だよ。こっちから出て行けと言うことは絶対にないよ」と話しました。すると彼は涙を流しながらうなずきました。あんなに泣きじゃくる彼を見たのは初めてでした。

　学生のみなさん、子どもは大人との出会いで人生が変わります。まだまだ出会いを待っている子どもたちがいます。一緒にこの世界で働いてみませんか？　待っています！

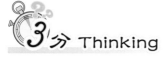

児童心理治療施設

3分 Thinking

・子どもたちが社会生活への適応が困難となる背景を考えてみましょう。

1 施設の目的と概要

> **要約** 児童心理治療施設とは、さまざまな心理的問題を抱え、日常生活に支障をきたしている子どもたちが入所して、生活支援と心理治療を受けながら回復していくことを目的としている施設です。

① 目的

児童心理治療施設とは、児童福祉法第43条の2に「家庭環境、学校における交友関係その他の環境上の理由により社会生活への適応が困難となった児童を、短期間、入所させ、又は保護者の下から通わせて、社会生活に適応するために必要な心理に関する治療及び生活指導を主として行い、あわせて退所した者について相談その他の援助を行うこと」と定められている児童福祉施設です。

同施設では、心理的問題を抱え日常生活の多岐にわたり支障をきたしている子どもに医療的な視点から生活支援を基盤とした心理治療を中心に、学校教育との緊密な連携による総合的な治療・支援を行います。

② 利用対象・入所理由

対象としているのは、心理（情緒）的、環境的に不適応を示している子どもとその家族です。また、入所している子どもの傾向として、被虐待体験のある子どもたちの入所が多いことや、発達障害のある子どもの入所が他の社会的養護の施設のなかでも特に多いという点があげられます。

「児童養護施設入所児童等調査結果（平成30年2月1日現在）」によると、児童心理治療施設に入所している78.1％に被虐待体験があるとの結果が見られます。さらに入所児童のなかで何らかの障害がある子どもは85.7％で、その内訳としては広汎性発達障害42.9％、学習障害2.9％、注意欠陥多動性障害33.4％と発達障害が多くの割合を占めています。また、外傷後ストレス障害（PTSD）8.8％や反応性愛着障害26.4％といった、より専門的な

心理的ケアが必要な子どもたちの入所も増加している傾向が分かります。

③ 職員配置

　職員の配置は国の配置基準をもとに定められており、施設長、保育士・児童指導員、家庭支援専門相談員、個別対応職員、心理療法担当職員、看護師、栄養士・調理員、精神科もしくは小児科医師（常勤または非常勤）を配置することとされています。他の社会的養護の施設と比べて特徴的なのが、心理療法担当職員と精神科もしくは小児科医師が必置義務となっていることです。これは先に見たように、児童心理治療施設に入所している子どもたちの傾向として、心理的ケアの必要な子どもや医療的な側面からのケアが必要な子どもが多く利用していることからも必要であるといえます。

2　支援内容と今後の課題

> **要約**　児童心理治療施設では総合環境療法という考えのもと、生活支援、心理治療、学校教育、家族支援などさまざまな方面から子どもを支援していきます。

① 支援内容

　児童心理治療施設では施設全体が治療の場であり、施設内で行っている全ての活動が治療であるという「総合環境療法」という考えのもと、施設で働く保育士・児童指導員を始め、心理治療士や医師、教員などさまざまな専門的知識を持った職員が協力して一人ひとりの子どもの治療目標を達成できるよう援助していきます。児童心理治療施設における支援を①生活支援、②心理治療、③学校教育、④家族支援、⑤地域との連携とアフターケアの5つの観点から見ていきたいと思います。

○生活支援

　児童心理治療施設での「治療」とは「心理治療」が中心であると思うかもしれませんが、その基礎となるのは「生活支援」です。日常生活での丁寧な関わりや支援によって子どもたちの生活は安定していきます。そこからようやく子どもたちは心理治療を受けながら自身の課題に向き合うことができるようになり、学習意欲が出てくるなど生活のなかで変化が見られるようになっていきます。このように、施設での「治療」の土台を安定させるうえで、生活支援はとても大切な支援といえます。

　生活支援は保育士と児童指導員が担当します。施設にいる子どもたちの多くが友達との関係が上手くできなかったり、集団のなかで適応することが苦手であったりします。また自分に自信がなく、常に周囲の評価を気にする様

子が見られたりします。そのような子たちも、施設で友達や職員とのふれあい、遊び、スポーツなどを通して、みんなと一緒に行動する楽しさを通して自信を取り戻していきます。生活支援においては、子どもたちに寄り添い、時に一緒に喜び、時に悲しみを共有しながら子どもたちの気持ちが安定するように支援していきます。

○心理治療

心理治療は、セラピスト（心理療法士）が週に1回程度行っています。絵を描いたり、ゲームをしたりしながら心の中の不安や葛藤を表現させ、それを乗り越えていけるよう支援します。子どもが抱える問題を直接解決するというより、子どもの精神的な成長や子どもを取り巻く状況の改善を一緒にじっくり待つ、ということもあります。心理治療では子どもの心に寄り添っていくことが基本となります。たいていは個別で行いますが、時には集団で行うこともあります。

○学校教育

児童心理治療施設における学校教育の形態は、施設によって地域の学校、施設内の分教室・分校などさまざまです。施設内の分教室や分校においては、一つの学級の人数が一般の学校に比べて小規模なので、大勢の集団が苦手な子どもでも学校に行きやすいなど利点があります。不登校などで学習の遅れがみられる子どもも多く、教材や教え方に工夫を凝らし、それぞれの子どものレベルに合わせて学習を進めていきます。

○家族支援

家庭支援専門相談員が中心となり、子どもが施設を退所し再び家族と一緒に生活するためにどのような状態となるのが望ましいのか、そのためには何をどう変えていく必要があるのか等、家族と一緒に考え、時に子どもも含めて家族合同面談を行いながら家族と子どもにとって最適な関係性（家族再統合）を目指していきます。

○地域との連携とアフターケア

施設での治療が終了すると多くの子どもは家庭に戻って行きます。同時に子どもは地域の学校に戻ることにもなります。地域に安心して戻れるように、元の学校で受け入れ体制をつくってもらうよう協力をお願いしたり、子どもが施設でどのように成長したかを共有する場（ケース会）を開催したりします。家庭に戻る前に、試験的に家庭から元の学校に通ってみる試験登校を行っている施設もあります。

施設を退所した後も、しばらくは定期的に施設の職員が家庭訪問を行ったり、地域の学校に訪問したりして地域や家庭での生活に適応できているかを見守るアフターケアを行っています。

　施設にはこれまでの育ちのなかで、安心・安全の感覚を得られなかった子が少なからずいます。そのため、施設がまずは子どもたちにとって「安全であり、安心できる場」であることが第一の条件になります。今日と同じような明日が来る、という当たり前のことを信じられるように、施設ではなるべく毎日同じ日課を繰り返します。安全で安心できる環境に身を置くことで、ようやく子どもは自身の思いや感覚に目を向けられるようになっていきます。

　心理的な傷つきを抱えた子どもたちの回復にはとても時間がかかります。子どもの回復を信じて、時に励ましながら子どもたちの成長と変化を見守って行くことが施設の職員には求められます。

② 今後の課題

　児童心理治療施設は、社会的養護の施設のなかで唯一治療機能を有しており、多職種の職員が配置されています。その特徴を生かし地域の社会的養護の中核拠点として活動していくことが期待されています。

　一方で、近年の児童心理治療施設には対応が困難な子ども（発達障害や被虐待経験、PTSD、愛着障害など）の入所が増えており、職員の負担は増加しています。職員がバーンアウトしないためにメンタルヘルスの課題が大きいと言えます。また、対応が困難な子どもへの治療支援が求められるなど施設の多機能化・高機能化が求められるなか、それに合わせた職員のスキルアップを図ることができる研修などの機会の確保も課題であると思われます。

○ コラム⑥ 児童心理治療施設で働く先輩職員 ○

　児童心理治療施設に実習に来る学生さんがよく「みんな明るくて元気ですね」「静かだったり、暴力・暴言がいっぱいだったりすると思っていました」と驚かれることがあります。教科書や授業ではわからないことが施設のなかには詰まっています。不安も怒りも喜びも期待も……。実際に子どもと関わることで今までの施設や子どもたちのイメージは変わっていくものだと思います。私も最初はどんな施設なのか詳しくわからず不安もありましたが、子どもの育ちや生活の場の支援、そして家族支援などを大切にしたいと思い働くことに決めました。

　児童心理治療施設は児童養護施設と違うところがたくさんありますが、"子どもたちの生

活の場"ということは変わりません。敷地のなかに学校と生活の場があり、子どもたちにとっては少し窮屈に感じることもありますが、そのなかで子どもたちは心と身体の健康を取り戻していきます。

　児童心理治療施設で働く私たちの仕事は、子どもと家族の思いを聴くことから始まりますが、"思いを聴く"ことは簡単ではありません。なぜなら、今まで子どもや家族が抱えてきたものは私たちには計り知れないからです。その子どもや家族を理解するには関係づくりも大切です。時には子どもの安全と安心を守るために児童相談所と一緒に家族と向き合っていくことも必要になります。家族によっては不安が大きく、離れて暮らす子どものことを思い施設にその不安をぶつけてくることもあります。子どもたちも施設で暮らしながら不安を抱えています。気持ちを言葉にできず、友だちや職員に当たることもあります。そうした毎日に1人で向き合うと職員も苦しくなりますが、施設には保育士、児童指導員、心理士、看護師、医師がいて学校の先生も含め、それぞれの立場からできることを見つけ出し協力しながら子どもたちに寄り添っていきます。そして、少しずつ前に進んでいきます。

　児童心理治療施設の魅力は"つなぐ"ことです。施設に来ることで子どもと家族は離れます。離れていても家族の子育てが終わるわけではありません。離れていても子どもと家族が途切れないように、また、子どもと家族が心地よい関わりができるように一緒に向き合います。そして、子どもと家族が同じ悲しみを繰り返さないために地域の人たちに協力をお願いします。子どもと家族が困ったときに助けを求められる場所を具体的につくっていくのです。それらの"つなぐ"支援を入所中から退所後も積み重ねていくことで、地域から家族が孤立することを防ぎます。苦しいこともたくさんありますが、子どもと家族がつながったとき、家族と地域がつながったときは今までの苦しさを忘れるくらい喜びが大きくなります。私たちにできることはとても小さいです。子どもと家族の力や可能性を信じて積み重ねていくことで気持ちや関係は動き出します。その一つひとつ変わっていく瞬間に立ち会えることはとてもすてきなことです。小さな変化を一緒に喜び、私たちは子どもと家族に感謝します。

　子どもと家族を中心に、それぞれの声を受け止め、寄り添える支援を地域と一緒に行っていくことが私たちの仕事です。初めは不安と心配でいっぱいですが、私たちは子どもと家族から多くのことを学びます。その学びを児童心理治療施設で働きたいと思っているみなさんと共有しながら一緒に育ち合い、魅力を感じていけるとうれしいです。

児童自立支援施設

3分 Thinking

- 「児童自立支援施設」という言葉からどのような施設を想像しますか。自分なりのイメージを膨らませてみましょう。

1　施設の目的と概要

要約　さまざまな形で生活が乱れた子どもが入所し、生活の立て直しを図ることを目的とするのが児童自立支援施設です。児童自立支援専門員と児童生活支援員が直接支援に携わりますが、ほかにも複数の専門職が連携して「子どもの最善の利益」のために働いています。

① 目的

　児童自立支援施設は、各都道府県および政令指定都市に設置が義務付けられており、2023（令和5）年4月現在、全国に58か所あります（国立2か所、公立54か所、民間2か所）。同施設は児童福祉法第44条において、「不良行為をなし、又はなすおそれのある児童及び家庭環境その他の環境上の理由により生活指導等を要する児童を入所させ、又は保護者の下から通わせて、個々の児童の状況に応じて必要な指導を行い、その自立を支援し、あわせて退所した者について相談その他の援助を行うことを目的とする施設」と定められています。言い換えると児童自立支援施設は、何らかの理由により生活が乱れた子どもがその立て直しを図ることを目的として入所する施設であるということができます。

② 利用対象・入所理由

　前述の通り、「不良行為をなし、又はなすおそれのある児童」と「家庭環境その他の環境上の理由により生活指導等を要する児童」が利用対象となります。平たくいうと前者は非行児童で、具体的な行為は不良交友、深夜徘徊、家出、万引き、器物破損、家庭内暴力、校内暴力、性非行などです。後者は不登校や引きこもりの子どもということになります。

　不登校のなかには自分の居場所を求めて仲間のところを転々としている子どもや、やる気を失い閉じこもっているような子どもも含まれています。相対する子どもを対象としているように思われるかもしれませんが、どちらも

家庭や社会で不適応を起こしているという点では一致しています。

　近年では発達障害や虐待による二次的な症状として非行や不登校、引きこもりなどが行動上の問題として表れていることも少なくありません。また、子どもに関わる大人が発達障害などの子どもの特徴を理解できず、不適切な養育や教育を続けてきたことが非行や不登校等の背景として考えられることもあります。

　施設を利用している子どもの多くは中学生ですが、小学生や高校生年齢の年長児もいます。厚生労働省の調査によると、2018（平成30）年2月現在で、男児と女児の比率は、約7：3で男児の方が多くなっています。

③ 職員配置

　児童自立支援施設は歴史的に振り返ると、小舎夫婦制からスタートしています。これは寮長である児童自立支援専門員（児童福祉施設の設備及び運営に関する基準第80条・第82条）と寮母である児童生活支援員（同基準第80条・第83条）が、子どもと生活のすべてをともにするというものです。現在でもこの形態を存続している施設もありますが、多くは職員が交替で支援にあたる交替制をとる施設に移行しています。この場合でも、児童自立支援専門員と児童生活支援員とが直接子どもの支援にあたります。

　これらの職員に加え施設長や事務員のほかに、医師や栄養士、心理士などさまざまな専門職員が、「子どもの最善の利益」をともに考え、連携して働いています。

2　支援内容と今後の課題

要約　主な支援は、生活支援、作業支援、学習支援、進路支援、家庭調整です。子どもは日々の生活のなかでつまずきを繰り返しながら自分を見つめます。そこではいつも職員が寄り添っています。

① 支援内容

　児童自立支援施設で行う支援を、①生活支援、②作業支援、③学習支援、④進路支援、⑤家庭調整の5つの柱で、順に説明していきます。

　入所するまでの子どもの生活は、家に寄り付かない、学校へ行かない、昼夜逆転など、さまざまな形で乱れています。そのような子どもには、まず日課や決まりごとなどを守る外的枠組みのなかで集団生活することが求められます。当然のことながら、その枠に収まることは難しく、それまでの対人関係の取り方や問題解決の仕方、生活習慣（例えば、暴力による問題解決や力関係

からなる対人関係、不規則な生活等々）は繰り返されます。今までの習慣は、その子どもなりの生きる術や対処方法であり、そうすることが当たり前のことだったのですから、簡単にはなくなりません。しかし、それで良いのです。繰り返しつまずくたびに、職員が丁寧に個別で対応にあたります（集団から切り離したこの個別対応を、施設によっては「特別日課」などと呼びます）。施設という守られた生活の場でつまずくことは、安全なのです。つまずくことで、自分自身と向き合う心の作業が始まるのです。自分自身と向き合うことは辛いことですが、それは一人で行うことではありません。職員が寄り添い、一緒に考えます。こうしたことを繰り返すことで、次第に外から与えられる外的枠組みから、自分自身の内側からなる内的枠組みによって自分自身をコントロールできるようになるのです。しかしこれもとてもゆっくりとしたものです。

　作業支援では、施設ごとの特色があります。作業活動を行うことで、子どもがそれまでに経験したことのない達成感や責任感、成功体験・失敗体験を経験できるところに大きな意味があります。学習支援では、1997（平成9）年の児童福祉法改正により義務（公）教育の導入が明文化されました。入所するまで学校にまじめに通っていなかった子どももいるため、多くは勉強を敬遠しています。そのような子どもに対しては「わかる」体験を提供することから始まります。「わかる」体験の積み重ねが子どもにとっては新鮮であり、さらなる学びへの意欲につながります。こうして施設のなかでさまざまな経験をすることで自分の興味・関心に新たに気付き、自分の将来を考えられるようになります。これが進路支援につながります。

　これらの支援と並行して、家族再統合に向けて家族調整を行います。ともに暮らせることだけが再統合ではなく、程よい距離を保って家族関係を維持できるよう、職員は家族と連絡を取り合い、支援します。

　すべての支援は相互に関連しています。そして、職員も児童自立支援専門員と児童生活支援員だけでなく、多職種が連携し合って支援にあたります。大人を信頼できなかった子どもが、守られた生活の場で複数の大人が自分に寄り添い支えてくれているということに気付くことで、人への信頼感が芽生えていきます。入所中にすべての支援が完結することは決してありませんが、そこで築かれた人への信頼感は、退園後の子どもを支えることになります。何か困ったことがあったら相談できる大人がいる、という思いが子どものなかに生まれれば、児童自立支援施設での支援は子どもにとって大いに意味のあるものとなるのです。

② 今後の課題

　入所してくる子どもが被虐待児であったり、発達障害があるなど、その入

所理由が複雑化しており、支援の一層の専門性が求められるようになっています。また、子どもに寄り添う支援をしようとすればするほど、人手と時間が必要ですが、実際には限られた時間と人手のなかで支援を行わなければならない現状があります。

　加えて、子どもの貧困が叫ばれる昨今、児童自立支援施設への入所の背景に貧困問題があることも忘れてはなりません。保護者の経済状況を肌身に感じ、子どもは我慢と同時にあきらめを身につけます。それが結果的に貧困の連鎖を生じさせます。子どもの貧困は社会的な問題とはいえ、入所してくる子どもにとっては切実で解決すべき課題なのです。

○ コラム⑦ 児童自立支援施設で働く先輩職員 ○

　私が児童自立支援施設で働くことになったのは、私が大学4年生のときに県内の児童自立支援施設で年長児寮（中学を卒業した子どもが入所する寮）が開設されることになり、そこで宿直職員として働かないかと誘われたのがきっかけです。最初は、非行少年が生活している施設というイメージが強く、この仕事が私に勤まるのだろうかと不安が強かったことを覚えています。しかし、オリエンテーションの日に子どもと関わるなかで、最初の不安は小さくなりました。当時は子どもの発達特性や、成育歴、家族を含めた環境について知識や想像力も乏しかったため、言葉や表情を使ってやりとりできる彼・彼女が、なぜ学園で生活しているのだろうという疑問が大きくなりました。私はその後、国立武蔵野学院附属の児童自立支援専門員養成所において、児童福祉や児童自立支援施設について1年間学び、2006（平成18）年度から児童自立支援施設で働き始めました。

　就労し数年後に17歳の男子を担当しました。彼は乳児院から児童養護施設に措置変更になり、高校1年まで生活しましたが、施設内で事件を起こし、児童自立支援施設に入所しました。入所後も、喫煙や万引きなど行動上の問題が収まらず、私たちは厳しく注意したり、話を聞いたり、一緒に遊んだりと、彼にとっての愛着対象となれるよう対応しましたが行動の変容に至らず非常に苦慮しました。そこで、児童相談所とも協議し、彼が自身の生い立ちの歴史を振り返られるよう、彼が以前生活していた乳児院や児童養護施設に訪問し、当時の話を聴かせてもらいました。すると、彼は職員の思い出に強く残っており、多くの話を聞くことができました。さらに、乳児院は彼自身の訪問も受け入れてくださいました。そして、乳児院に保管されていた記録（表紙にはアンパンマンの絵が上手に描かれていました）を見たり、当時のエピソードを聞いたりするなかで、彼は「自分が大切に育てられていた」とい

うことを感じ取っているようでした。高校も一時は辞めざるをえない状況になりましたが、なんとか卒業を迎えることができました。

　児童自立支援施設では、子ども（前述の彼を含めたすべての入所児童）の思春期の一時期しか支援をすることはできません。それは、ほかの社会的養護の施設も同様だと思います。しかし、施設を退所した後も子どもの人生は続いていきます。退所後も子どもが自身の生い立ちを振り返ることができる工夫を施設のなかでする必要があることを強く感じました。また、乳児院時代の話を聞くなかで、普段はどうしても行動上の問題が多く、困った子どもという視点で彼を見てしまいがちでしたが、大切に育てられた子どもとして、もう1人の彼に出会えたような気がしました。幼児期の様子を知ることができ、記録が彼の思いを代弁してくれているようでもあり、改めて記録（写真も含めた）は非常に大切だと感じました。

　現在、私は女子寮に勤務しています。出勤すると、最初に子どもの記録と連絡帳を読み、子どもと寮、学園の状況や、今日の予定等を把握します。7名の職員で交替しながら意図を持って子どもの生活を支援しているため、日々の関わりを児童記録や連絡帳に残すのも大切な業務の一つです。この記録を元に、例えば虚言が多い子どもであれば、どのようなときに虚言が出るのかということやそのときの様子、どのようなときは本当のことがいえるのかなどの見立てを行い、次の支援に役立てます。記録をもとに振り返りを行うと、子どもが職員や家族に本当に伝えたいことや、子どもの持つ力の強みも見えてきます。そのような仮説を立て、子どもとのやりとりのなかでフィードバックしていきます。

　生活の場（施設に限らず、どの家庭でも）は闘いの連続です。おそらく、支援に正解はなく、場面ごとに子どもや保護者、関係機関等と相談し、誠実に対応することが、より良い支援になるのだと思います。子どもにとって一番良い支援だと思って関わっていますが、「本当に良かったのか、もっとほかの関わりがあったのではないか」と気持ちがゆらぐことも多いです。大変なことも多いですが、子どもたちとのやりとりを重ね、子どもの変化を感じたとき、それを共有できたときの喜びは何ものにも代えがたいものです。

　児童自立支援施設で働くうえで、持っていると良いスキルは色々ありますが、そのなかでも私は相手に対する想像力を働かせ、動くこと、続けること、待つことが大切だと考えています。児童自立支援施設において働くことを考えている学生の方がいらっしゃるならば、ぜひとも一緒に働きたいと思います。

Section 6 自立援助ホーム

3分 Thinking

・もしあなたが、中学校を卒業したときに家族・家・友だちをすべて失ったらどのように生きていきますか。

1 施設の目的と概要

要約 ▶ 自立援助ホームは、児童福祉法第6条の3に基づく児童自立生活援助事業です。義務教育終了後から20歳未満の子どもを入居させ、日常生活や就労に関して支援、援助を行います。また、退居した児童に対してもアフターケア（相談・援助）を行います。

① 目的

自立援助ホームは、児童福祉法第6条の3に「児童自立生活援助事業」として位置付けられています。子どもの自立を図る観点から、義務教育終了後に児童養護施設や児童自立支援施設等を退所したり、何らかの事情により家庭で生活が送れなくなったりして就職する子ども等に対し、共同生活を営む住居（自立援助ホーム）において、相談その他の日常生活上の援助および生活援助ならびに就業の支援を行います。近年では、高校や大学に進学する子どもも多く、自立援助ホームから通う子どももいます。そのため、学業と就労の両立ができるよう就学支援を行います。また、援助の実施を解除された者（自立援助ホーム退居後）への相談その他の援助を行うことにより、社会的自立の促進に寄与することを目的としています。

自立援助ホームは、何らかの理由で家庭での生活ができない子どもが職員と生活をともにし、生活援助や就業援助を通して子どもの社会的自立が実現できるようにしていく施設です。入居する子どもにとっては、生活の拠点であり、自立に必要なことを職員と考え、学び、成長する家なのです。

② 利用対象・入所理由

自立援助ホームの対象児童は、義務教育を終了した15〜20歳未満 *8 の子どものうち、里親やファミリーホームへの措置委託や社会的養護の関係施設で措置を解除された子ども、家庭で暮らすことができず、自立のための援助および生活指導等が必要と認められた子どもです。なかには、家庭裁判

*8
2016［平成28］年の児童福祉法の改正により、大学などに通っていれば22歳の年度末まで入所可能となりました。また、2022［令和4］年の児童福祉法改正により、年齢制限が弾力化されました。

所からの補導委託で試験観察や保護観察に付されている子どもも入居しています。

　自立援助ホームに入居してくる理由はさまざまですが、根底には、保護者からの放任や虐待が多くなっています。そのため社会的養護の関係施設を退所し、社会に出るも仕事が続かなかったり、人間関係に馴染めなかったりして行き場をなくした子どもが入居してきます。そのほかにも、高校中退や在学中に保護が必要と判断され、家庭から直接入居してくる子どももいます。

③ 職員配置

　自立援助ホームごとに指導員（主として児童自立生活援助に携わる者）と管理者を置くことになっていますが、管理者は指導員が兼ねることができます。指導員の人数は、入所定員により異なります（表5-1）。

　定員人数が6人以下の場合は指導員を3人以上配置します（指導員を2人以上配置している場合には残りを補助員にできます）。定員が7人以上の場合には指導員を4人以上配置します。以降入所定員が3人増えるごとに指導員を1人加えて得た人数以上になります（指導員数から1を減じた数以上指導員が配置されている場合には、残りの人数を補助員にできます）。

　指導員は、児童福祉施設の設備及び運営に関する基準第43条に定める児童指導員の資格（都道府県知事の指定する児童福祉施設の職員を養成する学校その他の養成施設を卒業した者、社会福祉士、精神保健福祉士など）を有する者、児童福祉法第18条の4に定める保育士、児童福祉事業および社会福祉事業に2年以上従事した者等に該当する者を充てることとなっています。そのほかに、自治体の予算により心理担当職員を置くことができます。

　また、2020（令和2）年より、施設等退居前の進学・就職等の自立支援および退所後のアフターケアを担う職員を配置し、入居児童等の退居前後の自立に向けた支援を強化するため、自立支援担当職員を配置することができるようになりました。

表5-1　自立援助ホームの入所定員と指導員数

入所定員	6人まで	7～9人	10～12人	13～15人	16～18人	18～20人
指導員数（補助員を含む）	3人以上	4人以上	5人以上	6人以上	7人以上	8人以上
必置指導員数	2人以上	3人以上	4人以上	5人以上	6人以上	7人以上

2　支援内容と今後の課題

> **要約** ▶ 自立援助ホームでは、子どもが自立した生活を営むことができるよう、生活援助や就労援助などを行います。虐待等が原因で心理的ケアの必要な子どもや発達障害のある子どもなど、さまざまな困難を抱えている子どものほか、補導委託された子どもも受け入れているため、職員の専門性の向上が必要不可欠になります。

① 支援内容

　子どもが自立した生活を営むことができるよう、子どもの身体および精神の状況並びにその置かれている環境に応じて適切な援助および生活援助等を行います（家庭裁判所からの補導委託先にもなっています）。

　主な支援内容としては、①対人関係、健康管理、金銭管理、余暇活動、食事等日常生活に関することや自立した日常生活、社会生活が営めるように助言、援助を行う生活援助、②職場を開拓するとともに、安定した職業に就かせるための援助、指導および就労先との調整、就労への取り組み姿勢や職場の対人関係についての助言、援助、指導を行う就労援助、③高校や大学へ通学している子どもに対し、学業と就労の両立ができるよう助言、援助、指導等を行う就学支援、④子どもの家庭の状況に応じた家庭環境の調整、⑤自立援助ホームを退居した子どもに対するアフターケア（相談・援助）などで、その支援は多岐にわたります。

　また、ステップハウス事業にも取り組んでいるホームも多くあります。ステップハウスとは、自立援助ホームおよび児童養護施設等を退所し、就職活動を行い自活するに当たり、住居の提供を行い、自立援助ホーム職員により巡回見守り等を行うことで、無理のないステップでの自立を促進し、自己自立につなげるために、生活の安定を図っていきます。

② 今後の課題

　入居している子どもは、被虐待、発達障害、高校中退など、さまざまな困難を抱えています。そのため、対人関係やトラウマなどに悩まされている子どもが少なくありません。そのような、対応の難しい子どもへ援助を行うため、生活援助や就労援助だけでなく心のケアを行うことが必要になります。職員には心理面などより高度な専門性が求められています。

　子どもを受け入れる際の課題もあります。自立援助ホームは、最大定員が20名と少人数であるため、必要としている子どもが入居できない現状があります。（2023［令和5］年10月1日現在全国284か所［協議会未入会ホームを

除く）：全国自立援助ホーム協議会調べ）。

　高校中退や高校在学中、中学校卒業で入居する子どもが多いため、学業に対する支援も必要になります。それと同時に学費や生活費が必要になるため、就労（アルバイト）と学業の両立を余儀なくされます。入居している子どもが学業と就労を両立できるように、職員は子どもと一緒に日常生活を担っていく必要があります。また、中学校卒業では正社員として働くことが難しいため、就業先の開拓も必要となります。

　2022（令和4）年の児童福祉法改正により、対象者等の年齢要件等の弾力化されました。年齢要件について都道府県知事が認めた時点まで、児童自立生活援助の実施を可能にするとともに、教育関係に在学していなければならない等の要件も緩和されます。そのため、満20歳以降も自立援助ホームを活用して同じホーム等に入居等し続けることが可能になり、ゆっくりと自己自立に向けての生活が送れるようになります。反対に、一人ひとりの入居期間が長くなることで、入居したくてもホームの定員が空いておらず、入居できないという問題が出てくることも予想されます。そのため、ステップハウス事業等を利用し、自己自立の実現につなげていくことが必要となります。

　また、2022（令和4）年の児童福祉法改正では、社会的養護自立支援拠点事業が制度に位置付けられました。この事業は、社会的養育経験者（措置解除者や自立支援を必要とする者）に対し自立生活や就労を継続するための支援を行うため、生活や就労に関する相談や自助グループによる相互の意見考案を行う場所を開設し、退居者に対する情報の提供、相談・助言、関係機関との連絡調整等を行います。そして、一時宿泊機能を併せ持った、社会的養育経験者の居場所づくりが期待されています。そのためにも、関係機関や各施設の自立支援担当職員の連携強化や、社会的養育経験者に社会的養育自立支援拠点事業について知らせていくことが課題となります。

○ コラム⑧ 自立援助ホームで働く先輩職員 ○

　自分の生活を自分の手で創っていく。それは社会に出てから本番を迎える……、以前勤務していた児童養護施設での支援を通してそう感じていた私は、自立に特化した支援がしたいという思いとさまざまなタイミングが重なり、自立援助ホームである慈泉寮と出会い、3回目の春を迎えようとしています。

　私が勤める自立援助ホームでは、子どもの自主性・自己決定を尊重し、自分で判断し行動できる環境を整えるために堂々と「ヘルプ」を言える居場所づくりに努めています。自立援助ホームにやってくる子どもたちは15～19歳なので、小さな子どもの支援をすることと比べれば、職員が行う具体的な支援は少ないかもしれません。

　しかし、表情や日常会話、またその子どもを取り巻く環境や時期を把握してサインを見逃さないように常にアンテナを張って支援に携わっています。普段からささいなことでも何でも話せる存在でいることを意識して取り組んでいます。「ちょっと聞いて～！」と、職場や学校でこんなことがあった、喧嘩した、恋の話など……、マシンガントークで話してくれるとき、少しは自分を出せる場所、存在になっているのかなとやりがいを感じます。そして、小さなことでも子どもたちと大笑いする時は、とても平和で大好きな時間です。

　児童養護施設から来た女の子Aさんは、定職にも就かず入浴・トイレ以外は一日のほとんどを自室で過ごしていました。そんなある日、話をしていると、「実はアイドルになりたいんだよね……」とぼそっとつぶやきました。一緒に生活を始めて10か月が経とうとしていたときのことでした。現在、アイドルになるために毎日歌とダンスの練習に励み、将来の夢に向かって頑張っています。夢が原動力となり、定職に就き毎日頑張って仕事に行くことができています。彼女を通して、見守りながらも"待つ"支援の大切さを学びました。

　みなさんは保育者になることを目指していると思いますが、子どもと出会ってどのように関わり、どのような支援をしたいと考えているのでしょうか。自立援助ホームでは子どもたちとともに生活をするため、子どもたちとの距離も近く、支援に際しては振り返りと反省の繰り返しで大変な面もありますが、とても充実しています。

　朝早くから出勤し、夜は定時制高校に通う子、週に一日しか休みが無くても毎日頑張って仕事に行く子……、こちらが支援する側のはずなのに、そんな姿を見るだけでパワーをもらいます。

　また、私自身も職員である前に一人の人間として自分らしくどう生きていくのかを考えさせられます。ほかの職員と連携し、一人の人生の分岐点になるかもしれない場面に携われることは、自立援助ホーム職員としての一番の醍醐味だと感じています。

Section 7　児童家庭支援センター

3分 Thinking

・児童虐待の発生を予防し、子どもの貧困や社会的孤立の問題を解消していくために、地域のなかでどのような支援が行われるべきか、考えてみましょう。

1　施設の目的と概要

要約　児童家庭支援センターは、相談員と心理職員を配置し、その高度な専門性や技術力を生かしてファミリーソーシャルワークを展開する子ども家庭福祉の専門機関です。また、里親等への支援や市町村への技術的助言、関係機関との連携調整役も担っています。

① 目的

　児童家庭支援センターは、児童福祉法第44条の2において、「地域の児童の福祉に関する各般の問題につき、児童に関する家庭その他からの相談のうち、専門的な知識及び技術を必要とするものに応じ、必要な助言を行うとともに、市町村の求めに応じ、技術的な助言その他必要な援助を行うほか、児童相談所長や都道府県による指導委託措置による指導を行い、あわせて児童相談所、児童福祉施設等との連絡調整その他厚生労働省令の定める援助を総合的に行うことを目的とする施設」と定義されています。

　また、里親委託を優先し家庭養護を推進する見地から、里親やファミリーホームに対し必要な支援を行うことも児童家庭支援センターの目的の一つにあげられています。

　2023（令和5）年では、北海道から沖縄まで全国170か所余りに設置されています。これらの大半は、社会福祉法人が運営主体であり、児童養護施設や乳児院に附置されていますが、一部にはNPO法人が単独で設置運営しているものもあります。

② 利用対象

　児童家庭支援センターが各地で展開しているファミリーソーシャルワークの対象は、家族の疾病、障害、失業等に起因して地域のなかで排除されている生活困窮家庭、養育力が脆弱で社会的にも孤立しているひとり親家庭、子ども虐待が危惧される家庭等、地域に点在する要支援児童とその家族です。

特に入所型施設と密接な関係性を有している児童家庭支援センターにとっては、施設入所には至らない前段階での子どもと家庭を対象としたアセスメントや伴走的支援、および施設退所後の子どもと家庭を対象とした親子関係再構築支援やアフターケア等の継続的支援が大切な使命となっています。

さらに近年、里親制度を側面から支える主要な機関の一つとして位置付けられたことから、里親やファミリーホームを対象とした相談援助の枠組みを拡充していくことも喫緊の課題となっています。

③ 職員配置

職員の配置基準については、児童家庭支援センター設置運営要綱において、運営管理者を定めたうえで、相談・支援を担当する職員を2名、心理療法等を担当する職員を1名配置することとされます。

なお相談・支援を担当する職員の要件としては、児童福祉司任用資格を有することが求められており、さらに児童福祉事業の実務経験を十分有し各種福祉施策に熟知していることが望ましいとされています。

2 支援内容と今後の課題

要約 児童家庭支援センターは、社会的養護の施設等と地域とを結びつなぐ地域の貴重な支援拠点です。そこでは継続性や一貫性を大切にしたソーシャルワークやメンタルケアが行われています。今後、社会的養護の拠点づくりを目指す市町村といかに連携し、どのような協働関係を構築していくのかが問われています。

① 支援内容

児童家庭支援センターは、主に以下の5項目について支援を行っています。

---

①地域・家庭からの相談に応ずる事業

児童に関する家庭その他からの相談のうち、専門的な知識および技術を必要とするものに応じ、必要な助言を行います。

②市町村の求めに応ずる事業

市町村の求めに応じ、技術的助言その他必要な援助を行います。

③都道府県または児童相談所からの受託による指導

児童相談所において、施設入所までは要しないが要保護性がある児童、施設を退所後間もない児童など、継続的な指導措置が必要であるとされた児童およびその家庭について、指導措置を受託して指導を行います。

④ 里親等への支援

　　里親およびファミリーホームからの相談に応じる等、必要な支援を行います。

⑤関係機関等との連携・連絡調整
　児童や家庭に対する支援を迅速かつ的確に行うため、児童相談所、市町村、要保護児童対策地域協議会、児童福祉施設、学校等の関係機関との連絡調整を行います。

　総じて多くの児童家庭支援センターでは、親子関係再構築支援をはじめ、子ども虐待の発生予防や子どもの貧困問題の解消、虐待や分離体験によって生じた心のダメージの回復を目指した専門的ケア等を実施しています。また、継続性や一貫性に配慮しつつ、家族全体が抱える問題の変容に寄り添い続ける伴走型支援や一人ひとりの成長に合わせた息の長いアフターケアも実践しています。

　そのほか、社会的養護施設と地域とをつなぐファミリーソーシャルワーク拠点として、子育て短期支援事業（ショートステイ・トワイライトステイ）の利用調整を行ったり、市町村の実施する乳幼児健診事業等に出向きその運営を支援したり、要保護児童対策地域協議会（子どもを守る地域ネットワーク）の機能強化や子ども虐待防止に関する研修に協力したりするなど、多彩な地域支援活動に取り組んでいます。

② 今後の課題
　児童家庭支援センターの設立当初は、主に児童相談所の地域ネットワーク機能を拡充するためのブランチ*9としての役割が求められていました。しかし近年は、市町村の専門性を補完し技術力を強化するためのスーパーバイズ*10機能にも大きな期待が寄せられています。

　ところで2016（平成28）年の児童福祉法等の改正では、市町村に対して、児童虐待発生時において迅速・的確に対応する「子ども家庭総合支援拠点」と、妊娠期から切れ目のない支援を提供する「子育て世帯包括支援センター」を整備することを求めました。次いで2022（令和4）年の児童福祉法改正では、両組織を見直し、全ての妊産婦、子育て世帯、子どもへ一体的に相談支援を行う「こども家庭センター」の設置に努めることとされました。

　なお市町村が創設するこども家庭センターは、虐待や貧困に苦しむ子どもたちをはじめ、家族の介護や世話を日常的に担っているヤングケアラーや特定妊婦等に対して、「サポートプラン」（支援計画）を作成したり、直接家庭を訪問して家事や育児の援助を行ったり、さらには子どもが家庭や学校以外で安心して過ごせる居場所づくりへの支援や地域資源の開拓、要保護児童対

＊9　**ブランチ**
中枢から枝分かれしたように広がり、活動や営業を展開するところ（支所・分署）をいいます。

＊10　**スーパーバイズ**
福祉や心理に関わる相談援助業務等について、知識や経験の豊富な者が現に援助を実践している者に対し助言や指導を行うことをいいます。

策地域協議会や児童相談所等、他の支援機関との連絡調整の役割も担います。

　これらの業務は、いずれも児童家庭支援センターの本来業務と極めて親和性の高いものです。それゆえ今後、児童家庭支援センターは、要支援児童等への相談援助機能の向上をめざす市町村との間で、良好なパートナーシップを構築し、密に連携したソーシャルワークを模索していくべきでしょう。

【引用文献】

Section2

１）全国社会福祉協議会・全国母子生活支援施設協議会『令和4年度全国母子生活支援施設基礎調査報告書』2023年　p.67

【参考文献・参考ホームページ】

Section1

●全国乳児福祉協議会ホームページ
　http://www.nyujiin.gr.jp/（平成29年4月4日閲覧）

Section2

●社会福祉法人全国社会福祉協議会・全国母子生活支援施設協議会『平成26年度全国母子生活支援施設実態調査報告書』2015年
●社会福祉法人全国社会福祉協議会・全国母子生活支援施設協議会『令和4年度全国母子生活支援施設基礎調査報告書』2023年
●須藤八千代『〈増補〉母子寮と母子生活支援施設のあいだ―女性と子どもを支援するソーシャルワーク実践―』明石書店　2010年
●保育福祉小六法編集委員会編『保育福祉小六法　2019年版』みらい　2019年

Section3

●小木曽宏「児童養護施設の『家庭的養育』の方向性とは？―『小規模化』のこれからを考える―」『季刊児童養護』第42巻第2号　全国児童養護施設協議会　2011年
●堀場純矢『階層性からみた現代日本の児童養護問題』明石書店　2013年
●厚生労働省「社会的養護の課題と将来像（概要）（案）」
　http://www.mhlw.go.jp/stf/shingi/2r9852000001iafu-att/2r9852000001iajp.pdf（2017年3月27日閲覧）
●厚生労働省「平成30年度児童相談所での児童虐待相談対応件数（速報値）」
　http://www.mhlw.go.jp/content/11901000/000533886.pdf（2019年11月1日閲覧）
●厚生労働省「新しい社会的養育ビジョンについて（概要）」
　https://www.mhlw.go.jp/content/12601000/000345479.pdf（2023年7月20日閲覧）

●厚生労働省「児童福祉法等の一部を改正する法律（令和 4 年法律第 66 号）の概要」
　https://www.mhlw.go.jp/content/11920000/000957236.pdf（2023 年 7 月 20 日閲覧）

Section4

●全国児童心理治療施設協議会ホームページ　https://zenjishin.org（2023 年 6 月
　26 日閲覧）
●厚生労働省雇用均等・児童家庭局家庭福祉課「情緒障害児短期治療施設（児童
　心理治療施設）運営ハンドブック」2014 年
●厚生労働省「児童養護施設入所児童等調査の概要（平成 30 年 2 月 1 日現在）」
●全国情緒障害児短期治療施設協議会「情緒障害児短期治療施設　社会的養護の
　見直しと近未来像に向けて」検討委員会「情緒障害児短期治療施設　社会的養
　護の見直しと近未来像に向けて」2011 年

Section5

●小林英義・小木曽宏編『児童自立支援施設これまでとこれから―厳罰化に抗す
　る新たな役割を担うために―』生活書院　2009 年
●吉田眞理編『児童の福祉を支える社会的養護 I』萌文書林　2019 年
●相澤仁・村井美紀編『基本保育シリーズ 18　社会的養護内容』中央法規出版
　2015 年
●厚生労働省「児童養護施設入所児童等調査結果の概要」
　https://www.mhlw.go.jp/content/11923000/001077520.pdf（2023 年 4 月 21 日閲覧）

Section6

●厚生省児童家庭局長通知「児童自立生活援助事業（自立援助ホーム）の実施に
　ついて」1998 年 4 月 22 日
●厚生労働省雇用均等・児童家庭局長通知「自立援助ホーム運営指針」2015 年 4
　月 17 日
●厚生労働省「第 7 回新たな社会的養育の在り方に関する検討会 法改正後の進捗
　状況について（平成 28 年 12 月 22 日現在）」2016 年
●全国自立援助ホーム協議会ホームページ
　http://zenjienkyou.jp/（2023 年 10 月 27 日閲覧）
●第 8 回子供の貧困対策に関する有識者会議「厚生労働省の施策について（参考
　資料）」http://www8.cao.go.jp/kodomonohinkon/yuushikisha/k_8/pdf/ref2-1.
　pdf（2019 年 10 月 7 日閲覧）
●厚生労働省「児童福祉法等の一部を改正する法律（令和 4 年法律第 66 号）の概要」
　https://www.mhlw.go.jp/content/11900000/000987724.pdf（2023 年 7 月 9 日閲覧）

Section7

●橋本達昌「児童家庭支援センターの役割と将来展望」『自治総研』通巻第 459 号
　地方自治総合研究所　2017 年
●橋本達昌、藤井美憲編『社会的養育ソーシャルワークの道標』日本評論社　2021
　年

●学びを振り返るアウトプットノート

年　月　日（　）　第（　）限　　学籍番号＿＿＿＿＿＿＿　氏名＿＿＿＿＿＿＿＿＿＿＿

❖ この Chapter で学んだこと、そのなかで感じたこと（テーマを変更してもOK）

❖ 理解できなかったこと、疑問点（テーマを変更してもOK）

❖ TRYしてみよう ❖

① 乳児院における（　　　）は、乳幼児の心身および社会性の（　　　　　　）を促進し、（　　　　　　　　　）の再構築を図るように行わなければならない。

② 近年、母子生活支援施設では、夫などからの（　　　　　）により入所する世帯が増加している。

③ 児童養護施設は、児童福祉法第41条において、「（　　　　　　　　）、（　　　　　　　　　）その他（　　　　　　　　　　　）を入所させて、これを養護し、あわせて退所した者に対する相談その他の自立のための援助を行うことを目的とする施設」と規定されている。

④ 児童心理治療施設は、施設全体が治療の場であり、施設内で行っているすべての活動が治療であるという（　　　　　　　）という考えのもと、さまざまな専門職が、子どもの（　　　　　）を達成するために支援している。

⑤ 児童自立支援施設では、子どもの自立支援を行う（　　　　　　　　　）と子どもの生活支援を行う（　　　　　　　）が配置されている。

⑥ 自立援助ホームでは、子どもが（　　　　　）した生活を営むことができるよう、子どもの身体および精神の状況ならびにその置かれている環境に応じて適切な援助および（　　　　　）等を行う。

⑦ 児童家庭支援センターは、主に①地域・家庭からの相談に応ずる事業、②（　　　　　）の求めに応ずる事業、③都道府県または（　　　　　　　）からの受託による指導、④（　　　　　）等への支援、⑤関係機関等との連携・連絡調整の5項目について事業や支援活動を行っている。

⑤ 児童自立支援専門員／児童生活支援員 ⑥ 自立／退所相談援助 ⑦ 児童相談所／市町村／要保護児童

③ 保護者のない児童／虐待されている児童／養護を要する児童 ④ 総合環境療法／治療目標

① 養育／健全な発達／愛着関係 ② DV被害

社会的養護の領域と概要② (家庭養護)

●イメージをつかむインプットノート

Section 1 「里親」のアウトライン

　古くから歴史を持つ「里親」は、養育者の「家庭」に子どもを迎え入れて養育し、実家庭で暮らすことのできない子どもが「家庭」を自然な形で体得できる社会的養護の形態です（p.119）。

Keyword

- ☑ 里親　☑ 家庭養護
- ☑ 里親4つの種類
- ☑ 里親登録　☑ 里親委託の推進
- ☑ 養育の密室化
- ☑ 養育の社会化

6,080人

要保護児童約4万2,000人の内、里親に預けられている子どもは6,080人です（令和4年3月末現在）。

Section 2 「ファミリーホーム」のアウトライン

　「ファミリーホーム」は、養育者の住居において養育を行う点では里親と同様です。5～6人の子どもの養育を行います。またファミリーホームを運営するためには資格要件を満たす必要があります（p.125）。

Keyword

- ☑ 小規模住居型児童養育事業
- ☑ 多人数養育　☑ 補助員
- ☑ 開設要件　☑ 多様化
- ☑ 里親及びファミリーホーム養育指針

ファミリーホームは、里親や児童養護施設職員など経験豊かな養育者が5～6人の子どもを家庭に迎え入れて養育する「家庭養護」です。

里親

3分 Thinking

• 「里親制度」とは「子どもを里親に預ける」ことでしょうか。それとも「里親の子どもになる」ということでしょうか。血縁関係を強く意識する日本社会で「別の家庭」に子どもを預けてしまい、問題はないのでしょうか。

1　里親

> **要約** ▶ 里親は、実家庭において生活ができない子どもを、養育者の暮らす家庭に迎え入れ、そこに住む家族と一緒に生活をしながら、子どもの心身の成長・自立の支援を行います。

①「里親」のあらましと動向

「他人の子どもを預かり育てる」慣習、つまり「里親」の歴史は、一説には593年に聖徳太子（厩戸王）が設置した四箇院の一つである「悲田院」を利用できなかった子どもを、養母や授乳母が預かり育てたことから始まったとされます。また、平安時代に「村里に預けられた子」の略語で「里子」「里親」という言葉が生まれたともいわれています。そして、江戸時代や明治時代には、貧困や捨て子などといった時代背景に伴う児童養護問題（以下「養護問題」）の発生とともに里親はさまざまな形体で広がっていったのです。

しかし、里親が公的な制度として定められたのは、1947（昭和22）年に制定された児童福祉法からで「保護者のない児童又は保護者に監護させることが不適当であると認められる児童を養育することを希望する者であって、都道府県知事が、適当と認める者」と規定されました[1]。

2011（平成23）年に厚生労働省から示された「里親委託ガイドライン」に「里親委託優先の原則」が掲げられたことからもわかるように、里親制度の運用については、課題を抱えた子どもを特定の大人との愛着関係のなかで養育することにより、発達の遅れや心の傷の回復が見込めることや、将来の家庭モデルをイメージすることができる点に、大きな期待が持たれています。

また、2016（平成28）年の児童福祉法の改正では、第3条の2に家庭と同様の環境における養育を原則とすることが明記されました。これは里親制度をはじめとする家庭養護の推進が行わなければならないことを意味しており、法令の改正や新たな制度が実施され、里親制度の一層の拡充が図られる

＊1
現行の児童福祉法では、里親の規定は第6条の4に示されています。

ことになります。ここ最近の主だった里親制度の動向は以下の通りです。

2002 （平成14）年度
　専門里親、親族里親の制度の創設、里親支援事業、里親の一時的な休息のための援助（レスパイトケア）の制度化

2004 （平成16）年の児童福祉法の改正
　里親の定義、監護・教育・懲戒等

2008 （平成20）年の児童福祉法の改正
　養育里親を養子縁組里親と区別して法定、里親研修の義務化、欠格事由の法定化等

2008 （平成20）年度
　里親手当の倍額への引上げ、里親支援機関事業の実施

2011 （平成23）年度
　「里親委託ガイドライン」を策定、里親委託優先の原則を明記

2016 （平成28）年の児童福祉法の改正
　家庭と同様の環境における養育の推進を明記、児童相談所の業務として里親の開拓から児童の自立支援までの一貫した里親支援の位置付け、養子縁組里親制度法定化

2022 （令和4）年の児童福祉法の改正
　里親支援センターを児童福祉施設へ位置付け

② 里親制度の役割

　里親制度は、要保護児童等に、温かい愛情と正しい理解を持った家庭環境のもとでの養育を提供する制度であり、特定の大人（里親）との愛着関係のなかで養育を行うことにより、子どもの健全な育成を図ります。

　里親制度の特徴は、家庭という養育環境です。厚生労働省の「里親委託ガイドライン」では「家族を基本とした家庭は、子どもの成長、福祉及び保護にとって自然な環境である」とし、里親家庭に預けることにより、「特定の大人との愛着関係の下で養育されることにより、安心感、自己肯定感、基本的信頼感を育むことができる」「家庭生活を体験し、将来、家庭生活を築く上でのモデルとすることができる」「家庭生活での人間関係を学び、地域社会での社会性を養い、生活技術を獲得できる」という効果が期待できるとしています。

　また、里親の家庭を実家として自立していくことができます。施設職員は定年や退職等で施設を去ることになりますが、里親は地域に住まう者として子どもの育った家、そして地域に居続けています。そのため里親で養育された子どもは自立後も継続的に相談等をしやすい環境下にあり、施設の子どもと比べてアフターケアを受けやすいというメリットもあるといえます。

表6-1　里親の類型

類型	概要	対象児童と受入人数	登録窓口と手続き	里親になる要件	委託児の養育費と手当	戸籍上の実親との関係	支援機関	支援制度	委託世帯数／登録世帯数※4／委託児童数※5
養育里親	さまざまな事情により保護者と暮らせない児童を一定期間、家庭に迎え入れて養育をする里親	要保護児童（保護者のない児童または保護者に監護させることが不適当であると認められる児童）／4人まで受入（実子等を含めて6人まで）	・児童相談所 ・申請→研修→調査→審査→登録（5年毎に更新）	・心身ともに健全であること ・児童の養育についての理解や熱意と愛情をもっていること ・経済的に困窮していないこと ・児童の養育に関し虐待などの問題がないこと ・児童福祉法34条の20第1項各号の規定に該当しないこと※1 ＊知識や経験があり、児童を適切に養育できると認められ、養育する経済的な保証や養育を支援する環境等がある場合は、単身者でも可	・児童生活費※2 ・里親手当※3	あり（戸籍上の名字は実親の名字）	・児童相談所 ・里親支援専門員 ・里親会等	レスパイト	・3,888世帯／12,934世帯 ・4,709人
専門里親	一定期間の里親経験を経た者や、児童福祉の分野に従事した経験がある者が専門研修を受け、登録できる里親	要保護児童のうち、①児童虐待等の行為により心身に有害な影響を受けた児童、②非行等の問題を有する児童、③身体障害、知的障害または精神障害がある児童（原則2年養育（延長可））／2人まで受入可	・児童相談所 ・専門里親研修（2年毎に更新）	・現に里親である者であって児童の養育に3年以上の経験を有する者 ・保育士、児童指導員、医師、看護師、保健・医療、教育、矯正等に関連する資格を有する者であって、都道府県知事が適当と認めた者 ・前各号に掲げる者と同等以上の能力を有すると都道府県知事が適当と認めた者	・児童生活費※2 ・里親手当※3	あり（戸籍上の名字は実親の名字）	・児童相談所 ・里親支援専門員 ・里親会等	レスパイト	・168世帯／728世帯 ・204人
親族里親	養育を必要とする子どもを三親等以内の親族が、自分の家庭に迎え入れ養育する里親	当該親族里親に扶養義務のある児童、両親その他当該児童を現に監護する者が死亡、行方不明、拘禁等の状態となったことにより、これらの者による養育が期待できない児童／4人まで受入可	・児童相談所 ・申請→調査→審査→委任意登録	・養育里親に準ずる（ただし、経済的に困窮していないことは除く）	・児童生活費※2 ・里親手当なし	あり（戸籍上の名字は実親の名字）	・児童相談所 ・里親支援専門員 ・里親会等	レスパイト	・569世帯／631世帯 ・819人
養子縁組里親	養子縁組によって養親となることを希望する里親	養子縁組が可能な要保護児童（養子縁組完了後は親子関係になるため委託児ではなくなる）	・児童相談所 ・申請→研修→調査→審査→登録（5年毎に更新）	・養育里親の要件に準ずる ・要保護児童について養子縁組によって養親となることを希望する者 ＊知識や経験があり、児童を適切に養育できると認められ、養育する経済的な保証や養育する環境等を支援する環境等がある場合は、単身者でも可	・児童生活費※2 ・里親手当なし	あり（縁組後は養親の名字を名乗る）	・児童相談所 ・里親支援専門員 ・里親会等	レスパイト	・314世帯／6,291世帯 ・348人

※1 欠格事由として、①成年被後見人または被保佐人（里親本人または同居人）、②禁錮以上の刑に処せられ、その執行を終わり、またはその執行を受けることがなくなるまでの者、③児童福祉法、児童買春、児童ポルノに係る行為等の処罰及び児童の保護等に関する法律、その他国民の福祉に関する法律（社会福祉法、特別児童扶養手当法、児童扶養手当法）により罰金の刑に処せられ、その執行を終わり、またはその執行を受けることがなくなるまでの者、④児童虐待または被措置児童虐待等を行った者、その他児童の福祉に関し著しく不適当な行為をした者があげられています。

※2 一般生活費（食費、被服費等）として、毎月一定の額（乳児 60,670円、乳児以外 52,620円（令和4年度））が支給されるほか、幼稚園費、教育費、入進学支度金、就職、大学進学等支度費、医療費、通院費等が支給されます。

※3 養育里親は1人目 90,000円、2人目以降 90,000円、専門里親は1人目 141,000円、2人目以降 141,000円、乳児以降 141,000円が毎月支給されます（令和4年度現在）。

※4 里親は重複登録可。

※5 委託世帯数、登録世帯数、委託児童数。2022（令和4）年3月末現在。

＊2
制度上のものではありませんが、民間団体があっせんしている「特別養子縁組里親」（原則として6歳未満の子どもの福祉のため特に必要があるときに、子どもとその実親側との法律上の親族関係を消滅させ、実親子関係に準じる安定した養親子関係を家庭裁判所が成立させる縁組里親）、各施設を窓口に、施設の子を週末や長期休みを利用して養育する「季節里親」「短期里親」（地域によって名称は異なり、ふれあい里親ともいいます）もあります。

＊3　里親手当
養育里親には月額90,000円（2人目以降90,000円加算）、専門里親には月額141,000円（2人目以降141,000円加算）が支給されます。

＊4　養育費
一人当たりの一般生活費（食費や被服費など）として、乳児には月額60,670円、乳児以外には月額52,620円が支払われる（令和4年度）ほか、幼稚園費、教育費、入進学支度金、就職・大学進学等支度費、医療費、通院費などが支給されます。

③ 里親の4つの類型と特徴

里親は養育者の住む家に子どもを迎え入れ養育する形式の社会的養護で「家庭養護」を代表するものです。

里親になるための特別な資格はありませんが、児童相談所による家庭訪問・調査や研修、児童福祉審議会の審議などの手続きを経て里親名簿に登録する必要があります。

里親はさまざまな子どものニーズに合わせた形態がありますが、主に4類型（養育里親、専門里親、親族里親、養子縁組里親）に分けられます＊2。表6－1は、里親を類型別に示しそれぞれの制度上の現状や特色等をまとめたものです。

里親は「無償の愛」などとも呼ばれることもありますが、里親の種類によっては「里親手当」＊3、「養育費」＊4の支給を受けることができます。公費として支給される里親手当が、施設に支給される措置費よりも額が少ないことや、里親の持ち家等の私有財産を養育の場として活用することを考えると、里親は現行の社会的養護体制のなかで最も養育者自身の生活を費やし、子どもの養育に傾注しているといっても過言ではないでしょう。

里親制度は、子どもにとっては家庭環境を一番身近に感じられるものであり、養育者にとっては家庭機能を一番に発揮することができるもので、家庭的な環境のもと、一人ひとりの子どもをきめ細かく支援し、地域のなかで育むことのできるという特徴を持っているといえます。

④ 里親委託の推進と課題

○里親委託の現状

里親制度の推進が図られているものの、現在の日本の社会的養護は、施設養護と家庭養護といわれる「里親」「ファミリーホーム」の割合は施設養護が約8割、家庭養護が約2割となっており、極端な施設偏重となっています。

「すべての子どもたちに家庭を保障しましょう」という国際的な社会的養護の流れにおいて、国際人権NGO（非政府組織）のヒューマン・ライツ・ウォッチ（HRW）は、2014（平成26）年の報告書のなかで、わが国の社会的養護体制の全体的な見直しを提言し、わが国もその対応に追われています。

なお、欧米諸国では、施設などに預けられた要保護児童を里親や養子にすみやかに委託するように国や行政が伝統的に取り組んでおり、2010年前後の国際比較では、里親の概念や制度の違いはあるものの、オーストラリア93.5%、アメリカ77%、イギリス71.7%、カナダ63.6%で、低率なイタリアでも49.5%となっています [1]。

また、欧米、韓国、オセアニアの先進諸国においては、別家庭への移住に対する子どもの不安やストレスの軽減、社会的なコスト面なども加味したう

えで親族里親を推奨しており、その委託率も高い割合となっています。アメリカにおいては里親家庭の4分の1（2010年現在）が、韓国では里親の大部分が親族里親です。一方、日本において親族里親が脚光を浴びるようになったのは、2011（平成23）年の東日本大震災以降であり、それまでの日本においては2002（同14）年までは親族里親は法的に認められておらず、法改正後の普及率も、震災までは極めて低いものでした。

○里親のニーズと行政のニーズのすれ違い

なぜ、里親制度がわが国において普及しないのかは、里親委託に関する現状から見えてくる行政の問題と、養育の問題の視点から説明できます。

里親制度は登録制をとります。表6-2を見ると、1955（昭和30）年においても、2017（平成29）年においても、登録里親数と委託里親数の差異は大きく、登録里親の待機状態が長年に渡って続いている状況が伺えます。その理由は、行政のニーズ（預けたい子ども）と里親のニーズ（受け入れたい子ども）がマッチしないこと、里親家庭のプライベートな事情（子どもを預けられない家庭の事情）等があげられます。こうした理由は、一見仕方がないように見えるかもしれませんが、行政と里親双方の歩み寄りもないまま長年この状況が慢性化していることが大きな課題なのです。

また、預ける側の意識の問題もあります。そもそも養子縁組里親と養育里親の理解が曖昧であったことから、「我が子を里親に奪われる」「実親との永遠の別れ」をイメージさせてしまうこともあり、実親が里親委託の同意に応じないことも少なからずあります。こうした預ける側の意識の問題や里親制度の正しい知識が浸透していないことも大きく里親委託の数を減退させている要因となっているのです。

表6-2　里親数等の推移

	昭和30年	40年	50年	60年	平成29年	30年	令和元年	2年	3年
登録里親数	16,200	18,230	10,230	8,659	11,730	12,315	13,485	14,401	15,607
委託里親数	8,283	6,090	3,225	2,627	4,245	4,379	4,609	4,759	4,844
委託児童数	9,111	6,909	3,851	3,322	5,424 (6,858)	5,556 (7,104)	5,832 (7,492)	6,019 (7,707)	6,080 (7,798)

注：平成30年度以降委託児童数の（　）はファミリーホームを含む。

出典：厚生労働省「福祉行政報告例」

○里親リクルートと里親への支援

2014（平成26）年に全国里親委託等推進委員会が行った「里親リクルートに関する調査報告書（中間報告）」からは、児童相談所の業務内において、里親に関する業務が思うように行えていないという結果が見えてきました。里親支援を担当する児童福祉司は一人で業務を担うことが多く、地区担当も含めた業務で手が回らない、児童相談所、主管課の意識のなかに里親リク

ルートに関する積極性が共有されていないなど、里親制度に関する業務の発展性や業務スキルレベルの向上に乏しい環境であるということが伺えます。

　また、里親に預けられる子どもは、虐待経験や親子分離の経験などから、心に傷を持つ子どもが多く、子どもの理解や対処方法に困難が生じ、さまざまな形で育てづらさが出る場合があり、養育をする里親も悩みを抱えたり、心身が不安定になったり、孤立することがあります。そのため、里親への支援が重要になってきており、2008（平成20）年より、里親支援機関事業が始められました。その後、この事業は2016（同28）年の児童福祉法改正により「里親支援事業」として法律で位置付けられ、里親に対する研修、相談・援助、里親同士の交流などの総合的な支援業務（フォスタリング業務）については都道府県（児童相談所）の業務とされました。

　さらに「新しい社会的養育ビジョン」のなかで、里親への包括的支援体制（フォスタリング機関）の抜本的強化と里親制度改革が示され、2018（平成30）年に「フォスタリング機関（里親養育包括支援機関）及びその業務に関するガイドライン」が公表されました。

　これらを受け、児童相談所や都道府県から委託された民間機関がフォスタリング機関（里親養育包括支援機関）となり、①里親制度等普及促進・リクルート事業、②里親研修・トレーニング等事業、③里親委託推進等事業、④里親訪問等支援事業、⑤共働き家庭里親委託促進事業が行われています。

　また、2024（令和6）年度から里親支援センターが児童福祉施設として位置づけられており、里親支援事業や、里親や委託児童に対する相談支援事業等を行うことになりました。

○養育上の問題

　厚生労働省の「令和2年度における被措置児童等虐待への各都道府県市の対応状況について」によると、里親とファミリーホームでの虐待が20件あったことが報告されています。

　家庭という閉ざされた空間内にある他者から見えない養育の問題を「養育の密室化」といいます。里親は、施設職員のように共同的（チーム）養育が行えないので、養育問題が隠蔽される傾向にあり、養育の危険性を回避することが難しくなってしまいます。こうしたリスク時の自助効果の見えにくい社会的な養育機関としての危うさがあることは、里親制度のなかで常々懸念されていることです。

　里親へ委託されている子どもの児童福祉施設への措置変更は、2017（平成29）年度中の委託解除1,441件のうち343件であり、なかでも里親との不調と推測されるケースが240名（約19%）という結果が厚生労働省より報告されています。里親と子どもの適合性の判断（マッチング）は難しいで

すが、より家庭的な環境のもとで愛着関係を形成しつつ生活をしていくために質の高い養育が里親には求められています。

⑤ 里親制度の今後

　里親制度は非常に高い養育の力を秘めながら、前述した理由などが要因で発展・拡充しにくい傾向があります。

　行政の問題については、近年、里親委託率の高い大分県の積極的かつ継続的な行政の里親推進実践事例、福岡市の行政と市民協働型の里親推進実践事例、静岡県の児童相談所の里親に関する措置以外の業務を民間団体に委託する里親推進実践事例など、成果をあげている取り組みを参考にする必要があるでしょう。また、児童相談所をはじめとした行政の働きかけで、里親支援機関である施設や民間団体が里親推進や里親支援を効率的にシステム化していくことも求められています。

　2016（平成28）年には自治体、民間団体連携型の家庭養護を推進するための団体「子どもの家庭養育推進官民協議会」が発足しました *5。現在の社会的養護の流れを受け、すべての子どもが愛情豊かな理解ある家庭環境のもとで成長することができる社会の実現に向けた活動を行っています。また、前述したフォスタリング機関についても、期待が寄せられています。

　養育問題に対する支援については、養育の社会化を目指し、施設が小規模化していく取り組みのなかで、施設が地域の社会的養護の拠点となり家庭養護を支援する体制が整備されつつあります。

　里親家庭の養育が密室化しないようにするためのレスパイト（一時的に養育を交代してリフレッシュを図る里親支援）をはじめ、2012（平成24）年に乳児院・児童養護施設に配置された「里親支援専門相談員」による養育支援等施設の支援を受けながら、地域社会、その他社会的養護関係団体、行政と連携した「養育の社会化」を目指す必要があります。

＊5
2022（令和4）年6月現在、15県と12市区、全国里親会や全国養子縁組団体協議会などの16団体が加盟しています。

section 2 ファミリーホーム

3分 Thinking

・「ファミリーホーム」と聞いて、何を思い浮かべますか。「施設」に近いイメージですか。「家族」に近いイメージですか。

1 小規模住居型児童養育事業（ファミリーホーム）

要約 ▶ 2009（平成21）年度に法定化された「小規模住居型児童養育事業」は、5〜6人の子どもを養育者の住居（ファミリーホーム）に迎え入れて、補助者も含めた3名以上の養育者で養育を行う家庭養護です。

① ファミリーホームのあらましと社会的な位置付け

　小規模住居型児童養育事業（以下「ファミリーホーム」）は、第二種社会福祉事業の一つとして位置付けられており、要保護児童に対し、養育者の住居（ファミリーホーム）において、子どもの養育を行うものです。

　ファミリーホームは、一部の行政が里親グループホームとして推奨していた事業が、2009（平成21）年度より児童福祉法上に規定され事業化されたもので、「施設を小さくしたものではなく、里親を拡大したもの」「地域で一家庭として機能する」「家庭的養護の促進」という特徴や役割があります。

　ファミリーホームは児童養護施設における1ユニット6人の「ユニットケア」や「地域小規模児童養護施設（グループホーム）」によく似た形態ですが、「養育者は、ファミリーホームに生活の本拠を置く者でなければならない」とされており、養育者の住む家庭に迎え入れる里親と同様に「家庭養護」として位置付けられています。

　ファミリーホームの養育者の資格要件は、以下のように児童福祉法施行規則第1条の31で定められています。

　児童福祉法第34条の20第1項各号に規定する者のいずれにも該当しない者であつて、次の各号に規定する者のいずれかに該当する者とする。

1　養育里親として2年以上同時に2人以上の委託児童の養育の経験を有する者

2　養育里親として5年以上登録している者であつて、通算して5人以上の委託児童の養育の経験を有する者

3　乳児院、児童養護施設、児童心理治療施設又は児童自立支援施設において児童の養育に3年以上従事した者

4　都道府県知事が前各号に掲げる者と同等以上の能力を有すると認めた者

　資格要件にある通り、養育者には里親や施設で培った養育経験が求められていることから、専門的な知識と養育スキルをもった養育機関としての期待が持たれています。ファミリーホームは、全国に446か所（2022［令和4］年3月現在）あり、さらなる整備が必要とされています。

② ファミリーホームにおける養育の特徴

　ファミリーホームは養育者の住む家に5～6人の子どもを預け入れる点で里親とよく似た養育形態といえます。里親より多くの子どもを預かり育てることから「多人数養育」*6とも呼ばれます。補助者を入れた3名以上の大人が養育にあたります。複数いる子どもたち同士の育ち合いもファミリーホームの魅力であり、高い養育効果が期待されています。

○補助者

　ファミリーホームには養育をする者を3名以上置かなければなりません。そして、そのうち一人は主たる養育者としてそこに住む者（本拠を置く者）となります。単身の場合であっても補助者を2名以上雇い入れることで開設することができます。補助者は外部から雇い入れる形のほかに、そこに住む家族がなることもできます。補助者は第三者的な立場から、養育状況等を含めたファミリーホームを客観的に見つめることができる存在として、「養育の密室化」に対する一つの防衛策になることを期待されています。

○措置費

　ファミリーホームは、児童養護施設などと同様に措置費により運営をしています。ただし、委託されている子どもの人数に合わせた措置費の支払い（現員払い）であるため、委託児数が少ない場合は安定した運営はできず、特に補助者の雇用の不安定につながります。

③ 家庭養護としてのファミリーホームの課題と今後の展望

　ファミリーホームは2009（平成21）年の法定化以降、徐々に設置数を増加させてきましたが、昨今はその数が伸び悩んでいるのが現状です。その要因として以下の点があげられます。

○養育者の事情

　限られた人数の養育者で多人数養育をするファミリーホームでは、養育者の心身の健康を保つことが必要です。昨今、ファミリーホームでの養育者は、実子の子育てに一区切りつけた方が運営していることが多く、平均年齢が高いのが現状です。ゆえに、急な病気や家庭の事情などのプライベートな問題でファミリーホームを閉鎖せざるを得ない状況に追い込まれている状況もしばしば見受けられます。

　また前述の通り、運営費（措置費）の支払いが定員払い*7ではなく、現員払いであり、ファミリーホームの希望や都合によらずに委託児数が少ないと、運営に支障（例えば、安定して勤務のできる補助者の確保が難しい*8等）が生じ、養育者の生活も不安定になってきます。そうしたことから、若い養育者の参入は大きなリスクを背負うこととなり、その数も伸び悩んでいます。

*6　**多人数養育**
多人数養育とは4人以上の子どもの養育を指します。

*7
児童養護施設の一つの形態であるグループホーム（地域小規模児童養護施設・定員6人および小規模グループケアの分園型・定員6人）は、措置費が定員払いです。

*8
2018（平成30）年から、補助者の安定した雇用を鑑み、事務費の支給が充実されましたが、措置のあり方がまだ施設養護に偏っている現状もあり、安定した展開に不安があるのも事実です。ゆえにその数も期待した通知に追いつくことができないのが現状です。

○行政のサポート体制、施設養護との連携

要保護児童の現状での措置比率は、家庭養護（里親・ファミリーホーム）と施設養護では大きな隔たりがあり、施設への措置が盛んに行われています。家庭養護への措置に積極的ではない行政は、ファミリーホームの開設には消極的で、開設をしても措置（委託）される子どもが増えないという現状があります。

また、児童福祉施設との連携や協働においては、モデルケースが少なく実践例があまりないため、今後の課題となっています。

○ファミリーホームの多様化

ファミリーホームは「個人型（自営型）ファミリーホーム」「法人型ファミリーホーム」と設置主体が分かれています。多事業型の法人においては、法人内での異動や労務規定により、本来ある家庭養護の意味合いを崩してしまう形態のファミリーホームも出てきました。「ファミリーホームは本当に家庭養護なのか」という問題提起もあり、ファミリーホームのあり方が見直されています。なお、「里親及びファミリーホーム養育指針」においては、家庭養護を下記のように明確に記しています。

家庭養護のあり方の基本

①一貫かつ継続した特定の養育者の確保

- 同一の特定の養育者が継続的に存在すること。
- 子どもは安心かつ安全な環境で永続的に一貫した特定の養育者と生活することで、自尊心を培い、生きていく意欲を蓄え、人間としての土台を形成できる。

②特定の養育者との生活基盤の共有

- 特定の養育者が子どもと生活する場に生活基盤をもち、生活の本拠を置いて、子どもと起居をともにすること。
- 特定の養育者が共に生活を継続するという安心感が、養育者への信頼感につながる。そうした信頼感に基づいた関係性が人間関係形成における土台となる。

③同居する人たちとの生活の共有

- 生活の様々な局面や様々な時をともに過ごすこと、すなわち暮らしをつくっていく過程をともに体験すること。
- これにより、生活の共有意識や、養育者と子ども間、あるいは子ども同士の情緒的な関係が育まれていく。そうした意識や情緒的関係性に裏付けられた暮らしの中での様々な思い出が、子どもにとって生きていく上での大きな力となる。

●また、家庭での生活体験を通じて、子どもが生活上必要な知恵や技術を学ぶことができる。

④生活の柔軟性

●コミュニケーションに基づき、状況に応じて生活を柔軟に営むこと。

●一定一律の役割、当番、日課、規則、行事、献立表は、家庭になじまない。

●家庭にもルールはあるが、それは一定一律のものではなく、暮らしの中で行われる柔軟なものである。

●柔軟で相互コミュニケーションに富む生活は、子どもに安心感をもたらすとともに、生活のあり方を学ぶことができ、将来の家族モデルや生活モデルを持つことができる。

●日課、規則や献立表が機械的に運用されると、子どもたちは自ら考えて行動するという姿勢や、大切にされているという思いを育むことができない。

●生活は創意工夫に基づき営まれる。そうした創意工夫を養育者とともに体験することは、子どもの自立に大きく寄与し、子どもにとって貴重な体験となる。

⑤地域社会に存在

●地域社会の中でごく普通の居住場所で生活すること。

●地域の普通の家庭で暮らすことで、子どもたちは養育者自身の地域との関係や社会生活に触れ、生活のあり方を地域との関係の中で学ぶことができる。

●また、地域に点在する家庭で暮らすことは、親と離れて暮らすことに対する否定的な感情や自分の境遇は特別であるという感覚を軽減し、子どもを精神的に安定させる。

　ファミリーホームの今後の展開においては、「社会的養護の課題と将来像」に盛り込まれた「児童養護施設の高機能化」に伴った、施設が行う地域支援、里親支援をうまく受け、子どもにとって適材適所のサービスを展開するために、社会的養護の協働を意識していかなければなりません。

　また、里親同様、「家庭養護」の普及に尽力する手立てとして、日本ファミリーホーム協議会をはじめとした団体における各ファミリーホームの相互関係から情報の共有、養育スキルの向上、ソーシャルアクション*9等を行うことが求められています。「家庭養護」として位置付けながらも、「家庭」と「施設」の養育体制のメリットを併せ持ち、「事業」としての養育責任を強く持つファミリーホームの有効的な活用、運営を考えていく必要があります。

＊9　ソーシャルアクション
当事者や市民が、社会福祉制度やサービスの新設・改善を目指して、立法や行政機関に働きかけて対応を求める組織的な行動およびその方法（署名、陳情、請願など）のことで、社会活動法ともいいます。

【引用文献】

1）厚生労働省「社会的養護の現状について（参考資料）（平成26年3月）」 p.23

●学びを振り返るアウトプットノート

　年　月　日(　)　第(　)限　　学籍番号.................　氏名..

❖ この Chapter で学んだこと、そのなかで感じたこと（テーマを変更してもOK）

❖ 理解できなかったこと、疑問点（テーマを変更してもOK）

❖ TRYしてみよう ❖

1　里親制度は、要保護児童等に家庭環境のもとでの養育を提供する制度で、特定の（　　　　）との（　　　　）関係のなかで養育を行うことで子どもの健全な育成を図る。

2　里親には、（　　　　）里親、（　　　　）里親、（　　　　）里親、（　　　　）里親の4種類がある。

3　ファミリーホームは4人以上の子どもを養育する（　　　　　　　）であり、（　　　　　　　）も含めた3名以上の大人で養育をする。

○ コラム⑨ ファミリーホームを運営している先輩職員 ○

　私は、施設養護職員として社会的養護に関する仕事に就きました。当時は子どもたちに献身的な先輩職員の姿を見て、自分も先輩のようになれるのだろうかと「不安」に感じたことを今でも覚えています。そんな私が13年の施設経験を経て、ファミリーホームを開設するに至ります。当時の私が今の姿を見たらびっくりすることでしょう。

　施設養護から家庭養護の仕事に切り替えたことに明確な理由があるわけではありません。子どもたちとともに「生活」を送りたい気持ちが、施設養護のときより強かったのだと思います。ファミリーホームのことを周りの人は「献身的」という言葉を使って表現しますが、私自身は社会的養護が自然と「ワーク」から「ライフワーク」なっていったのだと思います。

　私は同じように施設養護の仕事を経験した妻とファミリーホームを運営しています。ファミリーホームを開設する前提で家屋を探し、私の家に子どもたちを迎え入れて家庭養護をスタートしました。施設養護とは違い、私たちはただただ、一緒に住み生活をすることです。ともに起き、ともに食し、ともに寝る。その連続のなかに喜怒哀楽がぎっしり詰め込まれ、それを家族として共有する。子どもたちも、私たちもプライベートをさらけ出し、「家」に住む。「当たり前にある毎日の生活」が私たちの社会的養護であると感じています。

　もちろん、うまくいくこともあれば、うまくいかないこともあります。しかし、それは私たちが歩む生活のなかでのことですから、良いこと、悪いことがあって当たり前です。ただ、それを、ともに感じ、ともに確認し、分かち合い、助け合い、ともに笑い、ともに励まし合い、時にぶつかり、時にいつの間にか時間が流れたりと、この連続が24時間、365日あるのです。まさに「家族」のなかの営みが、子どもたちを自然に癒し、いつか来る自立に向けて、成長させているのではと思います。そして何よりも大きなことは私たちの家が、その子どもにとって、第1の家、第2の家となり得るということです。いつまでも、実家（故郷）であり続けられる場を子どもたちに提供できることがまさにやりがいなのではないでしょうか。

　ファミリーホームを開設することは、献身でもなく、自己犠牲でもありません。どの子どもにも当たり前にしなければいけない「家庭」の保障であり、その仕事のなかに私が、そして私の家族がいます。執筆現在、妻が妊娠をしています。そのプライベートな出来事に6人の子どもたちが何かを感じています。何も言わずとも、子どもたちの生活に変化が生まれ、子どもたちの優しさや、命に対する慈しみの心が垣間見えます。社会的養護の環境に身を投じている私たちが、何かを施しているのではなく、ともに暮らすなかで、子どもたちの方から私たちに例えようのない温かい何かを施してくれています。踏み込むことには勇気がいるといわれる家庭養護、ファミリーホーム。でもそこには「仕事」ではない、感動や感激があふれる「生活」が待っています。

社会的養護の領域と概要③ (障害系施設)

Chapter 7

●イメージをつかむインプットノート

Section 1 「障害児入所施設」のアウトライン

　障害児入所施設には、保護者の養育困難などを理由に入所した障害のある子どもたちが生活しています。施設は専門性を生かして、発達支援、家族支援、地域支援を行っています（p.133）。

> **Keyword**
>
> ☑ 医療型障害児入所施設　☑ 福祉型障害児入所施設　☑ 発達支援機能
> ☑ 自立支援機能　☑ 社会的養護機能　☑ 地域支援機能

地域のなかで、地域の子どもたちと生活をしています。

Section 2 「児童発達支援センター」のアウトライン

　児童発達支援センターは、障害のある子どもたちが通所する施設で、日常生活における基本動作や知識技術を習得し、集団生活に適応できるよう発達を促すことを目的としています（p.137）。

> **Keyword**
>
> ☑ 児童発達支援センター
> ☑ 障害児通所支援
> ☑ 児童発達支援
> ☑ 療育
> ☑ 家族支援
> ☑ 障害の受容

個々の障害に応じた児童発達支援を行っています。

Section 1　障害児入所施設

3分 Thinking

・障害児入所施設で生活している子どもたちは、どのような理由で入所してきたのか考えてみましょう。

1　施設の目的と概要

要約 ▶ 障害児入所施設は、障害のある子どもが入所し、障害に応じた適切な支援を提供する施設です。入所する子どもの医療の要否によって福祉型障害児入所施設と医療型障害児入所施設に分かれており、入所している子どもに応じた職員が配置されています。

① 目的

　障害児入所施設とは、何らかの理由で保護者と暮らすことができない障害のある子どもを受け入れ、そこで生活する子どもたちに、その障害に応じた適切な支援を提供することを目的とした施設のことです。2012（平成24）年の児童福祉法改正により、それまで障害種別ごとに分かれていた施設が障害児入所施設に一元化され、現在では、入所する子どもの医療の要否によって福祉型障害児入所施設と医療型障害児入所施設に分かれています。

　福祉型障害児入所施設は、施設に入所している障害のある子どもに対して、「保護、日常生活の指導及び独立自活に必要な知識技能の付与」を行うことを目的としています（児童福祉法第42条）。医療型障害児入所施設は、施設に入所または指定医療機関に入院している障害のある子どもに対して、「保護、日常生活の指導、独立自活に必要な知識技能の付与及び治療」を行うことを目的としています（同法同条）。

② 利用対象・入所理由

　障害児入所施設は、身体に障害のある子どもや知的障害のある子ども、発達障害を含む精神に障害のある子どもが入所の対象になります。入所するのに身体障害者手帳等の手帳の有無は問われません。児童相談所や医師等により療育*1の必要性が認められた子どもが対象となります。

　入所の理由には、子どもが何らかの障害によって治療が必要な状態にあることや保護者が何らかの事情によって養育することが困難な状況にあること

> *1 **療育**
> もともとは肢体不自由児への「治療的教育」を意味していました。障害のある子どもと家族への「発達支援」「家族支援」「地域支援」の総合的な取り組みを行います。

などがあります。施設への入所には、保護者との契約という形で入所する場合もあれば、保護者による虐待や養育拒否などがあった場合には、児童相談所が入所させる場合（措置）もあります。

③ 職員配置

障害児入所施設の職員配置は「児童福祉施設の設備及び運営に関する基準」に定められていますが福祉型と医療型では異なります。また、福祉型障害児入所施設と医療型障害児入所施設のなかでも、利用する子どもの障害種別により配置が必要とされる職員が異なります（表7－1、表7－2）。

表7－1　福祉型障害児入所施設の職員配置

設備運営基準の施設類型	配置職員		配置基準
主として知的障害のある児童を入所させる施設	児童指導員 保育士 嘱託医※1 栄養士※2 調理員※2 児童発達支援管理責任者 心理指導担当職員※3 職業指導員※4		児童指導員・保育士総数 入所児童概ね4.3人に1人以上 （児童30人以下の場合は1人加配）
主として自閉症児を入所させる施設		医師※1 看護職員※5	児童指導員・保育士総数 同上 看護師数は入所児童20人に1人以上
主として盲ろうあ児を入所させる施設			児童指導員・保育士総数 乳幼児概ね4人に1人以上 少年概ね5人に1人以上 （児童35人以下の場合は1人加配）
主として肢体不自由のある児童を入所させる施設		看護職員※5	児童指導員・保育士総数 入所児童3.5人に1人以上

※1　「主として知的障害のある児童を入所させる施設」と「主として自閉症児を入所させる施設」の嘱託医及び医師は、精神科又は小児科の診療に相当の経験を有する者、「主として盲ろうあ児を入所させる施設」の嘱託医は眼科又は耳鼻咽喉科の診療に相当の経験を有する者。
※2　児童40人以下を入所させる施設では栄養士を、調理業務を全部委託している施設では調理員を置かないことができる。
※3　心理指導を行う必要があると認められる児童5人以上に心理指導を行う場合に配置。
※4　職業指導を行う場合に配置。
※5　看護職員は保健師、助産師、看護師又は准看護師をいう。

資料：児童福祉施設の設備及び運営に関する基準より作成
出典：大竹智・山田利子編『保育と社会的養護原理　第2版』みらい　2017年を一部改変

表7－2　医療型障害児入所施設の職員配置

設備運営基準の施設類型	配置職員		配置基準
主として自閉症児を入所させる施設	医療法に規定する病院として必要な職員※3 児童指導員 保育士 児童発達支援管理責任者		児童指導員・保育士総数 入所児童概ね6.7人に1人以上
主として肢体不自由のある児童を入所させる施設※1		理学療法士又は作業療法士	児童指導員・保育士総数 乳幼児概ね10人に1人以上 少年概ね20人に1人以上
主として重症心身障害児を入所させる施設※2		理学療法士又は作業療法士 心理指導を担当する職員	－

※1　「主として肢体不自由のある児童を入所させる施設」の長及び医師は、肢体の機能の不自由者の療育に関して相当の経験を有する医師でなければならない。
※2　「主として重症心身障害児を入所させる施設」の長及び医師は、内科、精神科、医療法施行令の規定により神経と組み合わせた名称の診療科、小児科、外科、整形外科又はリハビリテーション科の診療に相当の経験を有する医師でなければならない。
※3　「医療法に規定する病院として必要な職員」とは、当該病院の有する病床の種別に応じ、厚生労働省令で定める員数の医師及び歯科医師のほか、都道府県の条例で定める員数の看護師その他の従業者（医療法第21条第1項）をいう。

資料：児童福祉施設の設備及び運営に関する基準より作成
出典：表7－1に同じ

2　支援内容と今後の課題

要約　▶障害児入所施設で行う支援には、発達支援、家族支援、地域支援があります。地域生活や就労への移行、子ども虐待への対応など、障害児入所施設が担う役割は多岐にわたります。

① 支援内容

　障害児入所施設を含めた療育を行っている施設では、発達支援、家族支援、地域支援を行っています。

　発達支援については、「子どもの最善の利益」を第一に考え保障していくことが大切です。障害の軽減に向けたリハビリテーションなど医療的な支援のほかに、生活に根差した体験を積み重ねること、遊びを中心として子どもの世界を広げることが大切です。また、集団生活のなかで、一緒に暮らす友だちのことを意識しながら、社会性を身に付けることも目指しています。

　家族支援は、保護者の養育困難で入所した場合でも、子ども虐待により措置で入所した場合でも大切になります。保護者の養育困難で入所した場合、それが治療の必要性が高いことや、経済的な理由などであったとしても、保護者はわが子に対する想いのなかで悩むことがあるため、適切な支援が必要となります。また、親子関係への支援として、親子入所等による保護者の育児能力向上への支援を行うことも期待されます。

　さらに、進路決定に向けた支援も行われます。特に特別支援学校の高等部を卒業するときなど、次のステージとして地域で生活する場合などは支援が必要です。また、入所をしている子どもの「きょうだい」への支援も忘れてはいけません。

　子ども虐待を受けて措置入所した子どもの家族に対しても、支援が必要となります。この場合は、児童相談所や市町村の福祉事務所等と連携をとりながら、支援を行っていく必要があります。

　地域支援においては、障害児入所施設が蓄積してきた、専門的な知識や経験を地域にある保育所や児童養護施設、児童発達支援事業での支援に役立てることも期待されています。

　これらを障害児入所施設が担うべき機能として、重度や重複障害、行動障害、発達障害等の多様な障害のある子どもへ専門的な対応を行う「発達支援機能（医療も含む）」、退所後の地域生活、障害者支援施設への円滑な移行、就労へ向けた対応のための「自立支援機能」、虐待を受けた子ども等への対応のための「社会的養護機能」、在宅で生活する障害のある子どもおよび家族への対応のための「地域支援機能」にまとめることができます。さらに、地

域生活への移行や就労、虐待を受けたことにより施設へ入所した子どもへの支援など、障害児入所施設に求められる役割は増えてきています。

② 今後の課題

　地域生活への移行について、障害児入所施設へ入所している18歳以上の利用者は、すぐに施設を出ていかなければならないわけではありません。「障害者の日常生活及び社会生活を総合的に支援するための法律」（以下「障害者総合支援法」）での対応を基本としていますが、一定年齢以上の入所で移行可能な状態に至っていない場合や、強度行動障害等が18歳近くになって強く顕在化してきたような場合等に十分配慮する必要があることから、22歳満了時（入所の時期として最も遅い18歳直前から起算して5年間の期間）までの入所継続が可能となっています。しかし、基本的には障害者総合支援法に基づく障害福祉サービスが提供されることになるため、地域生活への移行などを目的とした自立を目指した支援を提供していくことになります。

　今後の方向性として、より地域連携に重点が置かれるようになります。施設に入所している子どもが通う学校だけでなく、施設自体が地域内での連携の核になることを求められる場合も今後は多く出てきます。そのため、「子どもの最善の利益」を尊重した地域づくりになるよう提言していくことも大切な役割です。

○ コラム⑩ 障害児入所施設で働く先輩職員 ○

施設で働くことになった経緯と志望理由

　私は大学でさまざまな福祉を学び、そのなかで特に子ども家庭福祉に関心を持ちました。子どもと音楽と遊びが好きで、関心がある児童関係で自分の好きなことを生かして働きたいと考えていたとき、3年次のソーシャルワーク実習で放課後等デイサービスに行ったことがきっかけで障害がある子どもへの支援に楽しさを感じました。就職活動をする際に、児童養護施設と障害児入所もしくは通所施設に絞り、見学や試験を通過して配属されたのが現在働いている施設です。

職場での主な業務と仕事のやりがい

　職場での主な業務は、目の前にいる利用者の生活が安心、安全で、より豊かで楽しい生活になるように、一人ひとりに合わせた関わり、支援をしていくということです。現場で働き始めて2年、利用者との関わりのなかで喜びや楽しみ、成長を感じたり、自分の企画が通り、

利用者が園外へ出かける機会や利用者が楽しめる行事の内容を考え提供することができたりとやりがいを感じることは多くあります。2年目として感じるやりがいと、5年目として感じるやりがいは異なると思いますが、私はこれからもこのやりがいを大切にしていきたいと考えています。

子どもとの関わりで印象に残っているエピソード

　私は現在5歳児の女の子を担当しています。その子は乳児院から現在の学園に来て2年と数か月になりますが、母親とは年に2回ほど数時間会うのみで、母親や家族のイメージを持つことができていませんでした。しかし、支援者や他の利用者たちの家族との関わり、地域のこども園へ出かけたり、絵本やおままごと等の遊びを通して少しずつ母親のイメージを持つことができるようになりました。さらに、母親が行事に来て本人と一日一緒に過ごしたり、手紙のやりとりなどから、本人のなかに「自分のママ」という存在が確立されていき、「またママに会いたいな」と言うようになりました。成長をとても感じるとともに、この子のために私にできることは何かをこれからも探していきたいと考えています。

施設で働くことを考えている学生へ向けてのメッセージ

　学生時代の特権は時間が自由に使えることだと思います。今ある時間を有意義に、さまざまなアルバイトやボランティア活動、福祉関係でなくても興味があることは挑戦してみてください。その経験がみなさんの将来に役立ち、自信につながります！

Section 2 児童発達支援センター

3分 Thinking

・障害のある乳幼児期の子どもたちが家庭以外の場所で過ごす場所にはどの様なところがあるか、考えてみましょう。

1　施設の目的と概要

要約　児童発達支援とは、障害のある子どもへの専門的な支援を意味し、この専門的な支援を行う通所施設が児童発達支援センターです。通所する子どもは、知的障害や発達障害、聴覚障害のある子どもや、医療的な支援も必要な肢体や体幹に機能障害のある子どももいます。利用するためには市町村による障害児通所支援のサービス支給の決定が必要になります。

① 目的

　児童発達支援センターとは、児童福祉法に規定される「障害児通所支援」*2の一つである「児童発達支援」を行う通所施設です。

　児童発達支援とは、障害のある子どもへの日常生活における基本的な動作の指導、知識技能の付与、集団生活への適応訓練などを行うことで、医療型児童発達支援は、上肢、下肢または体幹の機能の障害のある子どもに児童発達支援および治療を行うこととされています（児童福祉法第6条の2の2）。児童発達支援センターは、名称に「児童」とあるので、すべての子どもを対象とする施設というイメージを持たれることがありますが、実際は、障害のある子どもに対する専門的な支援を行っている施設です。

　児童発達支援センターは、これまで、医療の必要性の有無により「福祉型児童発達支援センター」と「医療型児童発達支援センター」の2類型に分かれていました。福祉型児童発達支援センターは、主に知的障害や発達障害、聴覚に障害のある子どもが利用し、医療型児童発達支援センターには肢体や体幹に機能障害のある子どもが利用していました。

　しかし、これらの児童発達支援センターが各地域にあるとは限らず、支援の偏りが指摘されてきました。そのため、2022（令和4）年の児童福祉法改正で、2024（令和6）年4月から児童発達支援センターが一元化され、障害の種別にかかわらず身近な地域で発達支援が受けられるようになりました。

　また、「児童発達支援事業」との違いとして、地域における障害のある子どもや家族への支援、他の障害児通所支援事業所への助言や援助、地域の発達支援の入り口としての相談機能など中核的な拠点としての役割を担うことも明確化されました。

　また、通所利用する子どもや家族の支援だけでなく、地域の障害のある子どもや家庭の支援、障害のある子どもが通う施設への援助や助言も行う地域の中核的な療育支援の拠点としての役割も備えています。

　全国にある児童発達支援センター数は、2022（令和4）年10月1日現在で、福祉型児童発達支援センターが703か所、医療型児童発達支援センターが91か所となっています（「令和4年社会福祉施設等調査」）。

② 利用対象・入所（通所）理由・利用方法

　児童発達支援センターを利用するのは小学校就学前の障害のある子どもが中心で、乳幼児健康診査などで知的障害や発達障害などの発達の遅れや偏りを指摘され経過観察を経た子ども、肢体不自由や聴覚障害などの身体に障害のある子どもが利用しています。療育手帳や身体障害者手帳などの有無は問わず、児童相談所、市町村保健センター、医師等により療育の必要性が認め

られた子どもが利用できます。

　利用には、障害児通所支援のサービス支給決定が必要になり、利用を希望する障害児の保護者は居住する市町村が指定した障害児相談支援を行う事業所で障害児支援利用計画案を作成してもらいます。子どもの発達や障害、家庭の状況や意向などをふまえて作成した計画案を市町村に提出し、障害児通所支援のサービス支給決定がされたうえで、保護者は児童発達支援センターと契約を行うことにより利用ができるようになります。

③ 職員配置

　児童発達支援センターは、児童福祉法に規定される児童福祉施設です。そのため、職員の配置などは「児童福祉施設の設備及び運営に関する基準」に定められた基準を満たす必要があります（表7-3）。

　配置される職員は、福祉型児童発達支援センターと医療型児童発達支援センターによって違いがあります。福祉型児童発達支援センターは、2012（平成24）年4月に施行された改正児童福祉法以前の知的障害児通園施設や難聴幼児通園施設などの職員配置を基本としています。そこでは子ども4人に対して児童指導員・保育士が1人以上とされ、その他、実施する訓練などに応じて必要な職員を配置することが可能となっています。

　医療型児童発達支援センターは、福祉型児童発達支援センターに医療の機

表7-3　児童発達支援センターの職員配置

設備運営基準の施設類型		配置職員		配置基準
福祉型児童発達支援センター	主として知的障害のある児童を通わせる施設	児童指導員 保育士 嘱託医※1 栄養士※2 調理員※2 児童発達支援管理責任者 機能訓練担当職員※3		児童指導員・保育士・機能訓練担当職員の総数 児童概ね4人に1人以上
	主として難聴児を通わせる施設		言語聴覚士	児童指導員・保育士・言語聴覚士・機能訓練担当職員の総数 児童概ね4人に1人以上 （うち言語聴覚士は4人以上）
	主として重症心身障害児を通わせる施設		看護職員※4	児童指導員・保育士・看護職員※4・機能訓練担当職員の総数 児童概ね4人に1人以上 （うち機能訓練担当職員は1人以上）
医療型児童発達支援センター		医療法に規定する診療所として必要な職員 児童指導員・保育士・看護職員※4 理学療法士又は作業療法士 児童発達支援管理責任者		－

※1　「主として知的障害のある児童を通わせる施設」の嘱託医は、精神科又は小児科の診療に相当の経験を有する者、「主として難聴児を通わせる施設」の嘱託医は、眼科又は耳鼻咽喉科の診療に相当の経験を有する者、「主として重症心身障害児を通わせる施設」の嘱託医は、内科、精神科、医療法施行令の規定により神経と組み合わせた名称の診療科、小児科、外科、整形外科又はリハビリテーション科の診療に相当の経験を有する医師でなければならない。
※2　児童40人以下を入所させる施設では栄養士を、調理業務を全部委託している施設では調理員を置かないことができる。
※3　日常生活を営むのに必要な機能訓練を行う場合。
※4　看護職員は保健師、助産師、看護師又は准看護師をいう。

資料：児童福祉施設の設備及び運営に関する基準より作成
出典：表7-1に同じ

能を付加した施設で、肢体不自由などで治療やリハビリテーションが必要な子どもが比較的低年齢から利用します。そのため、福祉型児童発達支援センターとは異なる職種の配置が求められ、診療所として必要とされる職員や、リハビリテーションを行うための理学療法士・作業療法士が配置されています。

　福祉型児童発達支援センターと医療型児童発達支援センターにはともに「児童発達支援管理責任者」が配置されており、子どもへの療育や、保護者の希望を受け止め、地域資源との連携も意識した支援を行うための重要な役割を担っています。児童発達支援管理責任者については、実務経験や都道府県などが実施する指定の研修を修了していることが要件となります。

2　支援内容と今後の課題

> **要約** ▶ 児童発達支援センターでの専門的な支援を「療育」と呼びます。療育は、ゆとりを持った日課のなかで行われます。また、子どもたちだけでなく、家族への支援も必要であり、そのためには手厚い支援体制を築くことが大切な条件になっています。

① 支援内容

　児童発達支援センターは障害のある子どもに対する専門的な支援を行う施設であり、この専門的な支援を「療育」と呼ぶこともあります。療育は、子どもの一人ひとりの成長・発達にあわせた個別の支援計画をもとに行われています。

　福祉型児童発達支援センターでは乳幼児健診後の経過観察や市町村が実施する親子教室を経て、おおむね3歳前後から、医療型児童発達支援センターではリハビリテーションなどを必要とする場合には0〜1歳の子どもも利用します。そのため、療育では生活づくりを大切にしています。毎日、児童発達支援センターに通うことで生活リズムを整え、遊びを通して活動に期待と、見通しを持つ力を育みます。また、安心して過ごせる環境を通して心身を十分に使って生活するなかで、自分以外の友達や先生など他者への関心を広げていきます。さらに、偏食をもつ子どももいることから、給食での食事指導も大切な支援です。子どもの味覚や触覚など苦手なことを探り、一緒に向き合ってくれる職員や友達との関係を通して丁寧に関わっていきます。

　このような療育を行うために、児童発達支援センターは保育所などと異なり、小集団の生活が中心になります。多くの場合10人程度までのクラスで、職員が2〜3名配置されます。先に述べた児童福祉施設の設備及び運営に関する基準では、福祉型で子ども4人に対して職員が1名以上ですが、基準を

超えた職員を配置している児童発達支援センターも多くあります。そして、子どもの障害特性などに配慮できるよう、ゆったりとしたデイリープログラムが構成され、登園バスや保護者の送迎などで10時前後に登園し、活動や給食、午睡などの後、15時前後に降園することになります。

　さらに、児童発達支援センターが行う大切な支援の一つとして家族支援があります。利用している子どものなかには、障害の診断を受けていない場合もあり、保護者の障害受容には丁寧な関わりが求められます。また、児童発達支援センター利用後の保育所・幼稚園の就園希望や、就学に向けた進路選択もライフステージを見通した関わりが必要です。子どもの姿や家族の思いに耳を傾け、一緒に考え向き合う姿勢も問われます。

② 今後の課題

　児童発達支援センターは障害のある子どもにとって、生活の基礎をつくるためのとても大切な施設です。しかし、療育を必要とするすべての子どもたちが利用できているわけではありません。地域によって身近に児童発達支援センターがないこともあり、長い時間をかけて保護者が送迎をするという負担や、利用する子どもの急増により施設が定員いっぱいになり、利用を断念する場合もあります。

　また、利用を開始するにあたっては市町村による障害児通所支援のサービス支給決定を受けなければいけません。子どもを養育する家族にとって、子どもの障害や発達の遅れを受け入れることは負担の重いことでもあり、生活の見通しをもって障害児支援利用計画案を作成してもらうことも難しい場合があります。

　こうした課題を市町村の責任で実施していくためには、多くの取り組みが必要となってきます。施設の絶対数の不足や地域格差を解消するためには、障害児支援の提供体制や計画をしっかりと定めなければならないでしょうし、小規模の市町村では近隣市町村と合同で資源を整備する施策を進めなければならないでしょう。

　また、各市町村の担当窓口に専門性を持った職員の配置や障害児通所支援のサービス支給決定にあたっては、子どもの障害を強調しすぎないなどの配慮が求められます。

　支援にあたっては、さまざまな障害や子どもの特性に応じた多職種による連携が必要になりますが、現行の職員配置基準では、十分な支援体制を整備することは難しいといわれています。各センターや市町村が独自に手厚い配置を行っているのが現状であり、法令による職員配置基準の引き上げが求められています。

【参考文献】

Section1
● 愛知県保育実習連絡協議会「福祉施設実習」編集委員会編『保育士をめざす人の福祉施設実習　第2版』みらい　2013年
● 障害児支援の在り方に関する検討会「今後の障害児支援の在り方について（報告書）～『発達支援』が必要な子どもの支援はどうあるべきか～」2014年

Section2
● 近藤直子・白石正久・中村尚子編『保育者のためのテキスト　障害児保育』全障研出版部　2013年
● 近藤直子・全国発達支援通園事業連絡協議会編『ていねいな子育てと保育　児童発達支援事業の療育』クリエイツかもがわ　2013年
● 近藤直子『「育てにくい」と感じたら』ひとなる書房　2014年
● 全国社会福祉協議会「障害者総合支援法のサービス利用説明パンフレット」http://www.shakyo.or.jp/business/pamphlet.html（2017年6月1日閲覧）

●学びを振り返るアウトプットノート

年　月　日（　）第（　）限　学籍番号_____　氏名_____

❖ この Chapter で学んだこと、そのなかで感じたこと（テーマを変更してもOK）

❖ 理解できなかったこと、疑問点（テーマを変更してもOK）

❖ TRYしてみよう ❖

① （　　　）障害児入所施設は、施設に入所している障害児に対して、「保護、日常生活の指導及び独立自活に必要な知識技能の付与」を行うことを目的とし、（　　　）障害児入所施設は、施設に入所または指定医療機関に入院している障害児に対して、「保護、日常生活の指導、独立自活に必要な知識技能の付与及び治療」を行うことを目的としている。

② 施設への入所には、利用者との（　　　）という形で入所する場合もあれば、保護者による虐待や養育拒否などがあった場合に（　　　　　）が入所させる（　　　）の場合もある。

③ 児童発達支援センターの利用には、障害児支援利用計画案の作成をした後（　　　）からの障害児通所支援のサービス支給決定が必要である。

④ 児童発達支援センターでの支援は、生活リズムを整えることや他者との関係を育むために、（　　　）を大切にした療育を行う。

○ コラム⑪ 児童発達支援センターで働く先輩職員 ○

　「今の時代に生まれていたら、こんなふうにはならなかっただろうね」。大学1年生の夏、入所施設で暮らしている重症心身障害者の伯父を見舞ったときに聞いた母の言葉です。現在のように制度も訓練技術も確立されていなかった時代から、人生のほとんどを施設の中で過ごしている伯父は、身の回りのすべての介助を必要としていますが、演歌が大好きで、若いころはわずかに動く手で絵画活動を楽しんでいたそうです。伯父自身もそうですが、母はどんな思いでいたのでしょうか。

　漠然と福祉の仕事がしたいと思い、大学に入学しましたが、母の言葉を聞いたときに、これから生まれてくるであろう障害がある子どもたちが、元気に楽しく子ども時代を過ごせるように、私にできることはないかと考え始めました。そこで、障害児保育を専門に学ぶことを決めました。

　当時、ボランティアのために訪れた施設では、障害がある乳幼児の療育に加え、卒園した子どもたち（小学2年生〜高校3年生）が月1回、水泳や陶芸などのクラブ活動に参加する取り組みが行われていました。そこでは子どもたちが遊びに来るだけでなく、保護者が日頃の近況報告や悩みを相談する姿があり、卒園してもなお、強い結び付きがあることを感じました。また、職員の方が、通っている子どもや保護者だけでなく、きょうだいにも声をかけ、優しく包み込むような関わりをしており、そうした子どもや職員の姿から「私もここで働きたい！」と強く思い、縁あって就職しました。

　就職当初は、大学で障害児保育を学んだからといって、初めからなんでもできるわけではありませんでした。どうしたらよいかわからないことばかりで、周りの先輩職員の働きを見よう見まねすることで精一杯でした。しかし、そうしたなかでも「○○ちゃんはどんな遊びが好きなんだろう」「この遊びをしたときに笑顔になるなぁ」「何が嫌でそんなに泣いているのかな」「どうして噛むのかな」など、目の前にいる子どもたちのわずかな発信に心を寄せ、"子どもにとって"を何よりも大切にしながら関わることで、気づくこと、学ぶことがたくさんありました。また、子どものかわいいところ、がんばっているところをたくさん見つけること。保護者の想いに耳を傾けて、その想いを知ること。保護者と職員で立場は違うけれど、子どものことを大切に思っているのは一緒だということを、子どもへの関わりを通して、丁寧に伝えていけるように力を注ぎました。

　何年も経験を積んできた今でも、そのことは変わりなく大切にしています。私自身、子どもを産み、子育てをすることで、もっともっと丁寧な関わりがしたいと思うようになりました。子どもたちはもちろん、同じ子育てをする仲間として、保護者が元気に、社会の一員として自分らしく子育てに向かえるためにはどうしたらよいか、今もなお実践を深めている最

中です。

　現在勤めている児童発達支援センターでは、就学前の子どもたちが毎日通ってくる通園部で療育に携わっています。子どもたちと保育者の集団のなかで、生活や遊びを通して、食事、排泄、着替えなどの身辺自立を進めるだけでなく、好きなことはもっと好きに、苦手なことは、少しでも興味を持つことができるように、いろいろな遊びに取り組んでいます。また、季節や文化を大切にしていて、夏には潮干狩りや海水浴、冬はハンドベルの音色や響きを楽しんだり、餅つきをしたりします。年長クラスでは子どもたちと保育者でお泊まり保育をするなど、障害のあるなしに関わらず、年齢に応じた体験もしています。自分の気持ちや要求を言葉だけでなく、自分らしい表現で伝えられるように、コミュニケーションの力を豊かに広げていくことも大切にしています。そして何よりも、「自閉症の〇〇ちゃん」などではなく、「〇〇ちゃん」として丸ごととらえ、一人ひとりの発達、障害などの視点も大切に、複数の担任でさまざまな角度から子どもの姿をとらえ、日々の療育につなげています。

　Ａちゃん（発達の遅れ、自閉症）は絵を描くことが大好きで、周りの大人も目を見張るほどの作品を描きます。その一方で、人に対する不安が強く、相手を噛むことでその気持ちを表現し、自分の安心できる環境を守っているようでした。ある日のこと、園庭のベンチに二人で座っていると突然、Ａちゃんが私の手を取り上げました。「何？」と質問すると、「ちょうちょ」とＡちゃんが言いました。Ａちゃんは見つけたちょうちょを私に教えてくれたのです。そのとき、ＡちゃんがＡちゃんの心の世界に入ってきてもいいよと言っているようで、本当にうれしかったことを覚えています。

　障害があろうとなかろうと、子どもも大人もその人がその人らしく、元気に楽しく、人生を豊かに過ごしていくことは、みんなが共有できる願いだと思います。人との出会いやつながりを大切に、季節や文化にふれる経験を豊かにし、彩りのある毎日が送れると、本当によいと思います。みなさんも障害がある子どもたちと一緒に、いろいろなことを経験し、共有する喜びを感じてみませんか。

１　福祉職／医療職　②　絵画／油絵　③　中四国　④　小学四

社会的養護に関わる専門職・専門機関と倫理

●イメージをつかむインプットノート

Section 1 「社会的養護に関わる専門職」のアウトライン

社会的養護に関わる専門職とは、どのような役割を担う人たちなのでしょうか。児童福祉施設で働く職員の職種や業務内容、役割について確認していきます（p.148）。

Keyword

☑ 専門職　☑ 児童福祉施設の設備及び運営に関する基準　☑ 施設保育士

さまざまな専門職が子どもの生活を支援しています。

Section 2 「専門職の職業倫理」のアウトライン

子どもの権利を守るために、職員が大切にすべきことは何でしょうか。子どもの最善の利益とは何かという問いにも関連付けて、倫理綱領をもとに、職員倫理について考えていきます（p.153）。

Keyword

☑ 全国児童養護施設協議会の倫理綱領
☑ 子どもの最善の利益
☑ 自己覚知

専門職は倫理綱領に基づき判断や行動をします。

Section 3 「社会的養護に関わる専門機関」のアウトライン

　社会的養護では、さまざまな専門機関がそれぞれの専門性を生かしながら「子どもの最善の利益」のための取り組みを行っています。それぞれの専門機関にはどのような役割があるのか理解を深めていきます（p.156）。

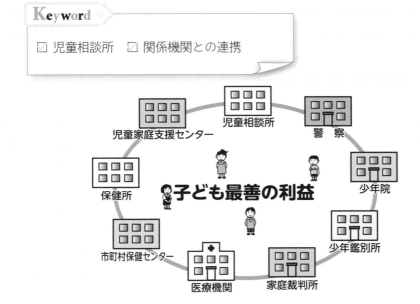

Section 4 「子どもが求める職員とは」のアウトライン

　「良い職員」とはどのような職員でしょうか。調査結果をもとに、子どもにとっての良い職員の具体像を考えていきます（p.159）。

Section 1 社会的養護に関わる専門職

3分 Thinking

• 社会的養護に関わる専門職は、どのような役割を担うのでしょうか。考えてみましょう。

1 社会的養護に関わる専門職

要約 児童福祉施設に関わる職員の職種や人員は、「児童福祉施設の設備及び運営に関する基準」で定められています。施設で働くうえでの資格要件を満たした専門職は、それぞれの専門性を生かし、連携をしながら子どもへの支援を行っています。

① 専門職の役割

　児童福祉施設に関わる職員の職種や人員は、「児童福祉施設の設備及び運営に関する基準」(以下「設備運営基準」)で定められています。施設では、運営管理をする施設長や経理を扱う事務、子どもの栄養管理を行う栄養士や調理員、直接子どもの生活支援をしていく保育士や児童指導員などが連携しながら子どもの支援にあたっています。以下、設備運営基準に定められている主な専門職について確認していきます。

○施設長

　施設長は、子どもの親権代行者であり、施設における最高責任者であるため、高い専門性とリーダーシップが求められます。法人または施設の事業計画や収支予算、人事管理等、理事会や評議員会で決定された事項を執行し、施設の運営に関しては、施設の理念と養育方針に基づき、子どもの養育、教育に対してすべての権限を持ちます。また、子どもの権利擁護や施設の人材育成、第三者評価、さらには財務管理や人事管理等の業務のほか、対外的には、児童相談所や福祉行政との連絡調整や地域および学校との関係構築の責任を担っています。

　2011 (平成23) 年には、児童福祉施設最低基準 (現・設備運営基準) の改正によって、施設長の資格要件が明確化されました。そのなかでは「医師・社会福祉士」のほか「施設で3年以上の勤務経験がある社会福祉主事か児童福祉司」など、いずれかを満たすことを義務付けています。また、施設運営の質は施設長による部分が大きいため、施設長には厚生労働大臣が指定する者が実施する研修 (2年に1回以上) の受講が義務化されており、その資質の

向上に努めなければならないことになっています。

○児童指導員

　児童指導員は、児童福祉施設の職員養成校を卒業した者、大学の学部で社会福祉学や心理学、教育学、社会学を修めた者、3年以上児童福祉事業に従事し都道府県知事が適当と認めた者等、設備運営基準第43条に資格要件が定められています。保育士同様、児童福祉施設で子どもと主体的に関わる職員であり、子どもとともに生活を送りながら保護者の代わりとなって、生活支援、指導、自立支援を行うことが主な職務となります。また、日常生活を通して基本的な生活習慣を身に付けさせながら、地域との関係のなかで社会性を育み、学習指導等を通して基礎的な学習能力を身に付けさせるなど、子どもが社会的な自立ができるよう支えていきます。

　さらに、施設内で取り組む行事や地域との交流、学校や児童相談所とのケース会議、職員間の連携や調整等さまざまな業務に携わります。施設によっては、職業指導員（設備運営基準第45条第3項）として職業選択のための相談援助や就職支援を行ったり、退所した子どものアフターケアとして自立に関する相談支援を行う場合もあります。そのほかに、施設内の環境整備や修繕、スポーツ指導等も行います。身体を動かしてダイナミックに子どもと関わることが多い職種ともいえます。

○保育士

　保育士の役割として、児童福祉法第18条の4に「児童の保育」と「児童の保護者に対する保育に関する指導」という2つの役割が示されています。そのため、保育に関わる専門的な知識や技術を必要とします。また、保育士登録をした人のみが「保育士」と名乗ることができます（名称独占）。

　社会的養護の施設で働く保育士のことを、「施設保育士」と呼ぶこともあり、その役割は子どもの生活全般にわたる幅広い内容となっています。具体的には、子どもが気持ちよく起きられるような声かけ、栄養のバランスがとれた食事やお弁当づくり、学校の宿題やテストに向けて子どもと一緒に学習に取り組んだり、子どもの健康面に配慮しながら季節や場面に応じた衣類の準備をすることなどがあげられます。また、子どもの登園・登校後には、部屋の掃除や洗濯、地域行事や学校行事への参加、クラブ活動の送迎など、まさに子どもの生活を支える中心的な役割を担っているといえます。特に小規模施設（小規模グループケアや地域小規模児童養護施設）では、施設保育士が調理業務を行うことがあります。毎日の献立も栄養のバランスを考え、給食と同じにならないよう配慮をしながら、子どもたちが食事を美味しく食べられるよう工夫することも、施設保育士として大切な役割なのです。

　各種の児童福祉施設では、発達に課題のある子どもなど、さまざまなニー

ズを持つ満18歳までの子どもが生活しています。そこには思春期ならではの課題や言葉・行動による表現の不安定さなどに直面することもあります。施設保育士には、単に子どもが表現している現在の行動に振り回されず、その子どもの持つ特性や能力（理解度）、さらには成育歴や家族背景までに思いをはせながら、子どもに関わっていく力が求められるでしょう。

　今後は、より家庭的な環境での養育が望まれているなか、生活支援のみならず、ほかの専門職と連携しながら子どもを支援していくという「チームアプローチ」の視点も持ち合わせていく必要があります。

○母子支援員

　母子支援員は、設備運営基準第27条に「母子生活支援施設において母子の生活支援を行う者をいう」と定められており、同基準第28条で、児童福祉施設の職員養成校を卒業した者や保育士資格取得者、社会福祉士等の有資格者と資格要件を定めています。

　職務内容は、主に母子の生活支援ですが、養育相談から就労支援等、多岐にわたり、最近では、ドメスティック・バイオレンス（DV）等の被害者として緊急で保護された母親に対する精神的な支援も増えています。

　また、母子ともに障害を抱えているケースや外国人の母子の入所、自らも社会的養護の施設等で生活した当事者が母親となり、施設を利用する場合など、さまざまな事情により家庭が崩壊し、養育が困難になり心身ともに傷付いた母子に対して、安全で安心できる環境を提供できるよう支援する必要があります。

　母子支援員がそのような母親のロールモデルとなり支援していくことで、間接的な子どもの支援へとつながっていきます。まずは、母親自身に未熟な部分があったとしても、母親であることに敬意を払うという姿勢が求められます。

○児童自立支援専門員・児童生活支援員

　児童自立支援専門員は、設備運営基準第80条に「児童自立支援施設において児童の自立支援を行う者をいう」と定められており、児童自立支援専門員養成校を卒業した者、小中学校・高等学校の教諭となる資格を有する者等と資格要件が明記されています（第82条）。児童生活支援員は「児童自立支援施設において児童の生活支援を行う者をいう」(第80条)と定められており、保育士資格や3年以上児童自立支援事業に従事した者という資格要件が明記されています(第83条)。これらの専門職は子どもとともに生活を送りながら、学習指導の補助や生活全般の指導、農作業やスポーツ活動などを一緒に取り組むことによって、生活支援や自立を支援する役割があります。

　入所児童は、不良行為をする（または、恐れのある）子どもであり、生活指導を必要とする子どもが多く、その背景には虐待やDV等の不適切な養育環

境や、発達障害や愛着障害など発達上の課題もあります。そのため、規則正しい生活のなかで社会性を身に付け、次の生活につなげていけるような配慮も必要となります。次の生活につなげていくという視点では、ほかの児童福祉施設職員との連携や学校関係者あるいは警察や裁判所といった多機関との連携も求められるといえます。

○家庭支援専門相談員（ファミリーソーシャルワーカー）

　家庭支援専門相談員とは、入所している子どもの保護者等に対し、児童相談所との密接な連携のもとに電話、面接等により子どもの早期家庭復帰、里親委託等を可能にするための相談援助等の支援を行い、早期の退所を促進し、親子関係の再構築等が図られることを目的として、児童養護施設、乳児院、児童心理治療施設、児童自立支援施設に配置されています。設備運営基準第42条第2項では家庭支援専門相談員の資格要件として、社会福祉士もしくは精神保健福祉士の資格を有する者、児童養護施設において子どもの指導に5年以上従事した者などが規定されています。

　主な業務として、①対象となる子どもの早期家庭復帰のための保護者等に対する相談援助業務、②退所後の子どもに対する継続的な相談援助、③里親委託の推進のための業務、④養子縁組の推進のための業務、⑤地域の子育て家庭に対する育児不安解消のための相談援助、⑥要保護児童の状況の把握や情報交換を行うための協議会への参画、⑦施設職員への指導・助言およびケース会議への出席、⑧児童相談所等関係機関との連絡・調整などがあげられます。このように業務が多岐にわたるため、複数名配置している施設もあります。

○里親支援専門相談員（里親支援ソーシャルワーカー）

　里親支援専門相談員は、児童相談所の里親担当職員、里親委託等推進員、里親会等と連携して、所属施設の子どもの里親委託の推進、退所した子どものアフターケアとしての里親支援、所属施設からの退所した子ども以外を含めた地域支援としての里親支援を行い、里親委託の推進および里親支援の充実を図ることを目的として、児童養護施設および乳児院に配置されています。

　資格要件としては、社会福祉士もしくは精神保健福祉士の資格を有する者、児童養護施設等において子どもの養育に5年以上従事し、里親制度への理解がある者とされています。

　主な業務として、①里親の新規開拓、②里親候補者の週末里親等の調整、③里親への研修、④里親委託の推進、⑤里親家庭への訪問および電話相談、⑥レスパイト・ケアの調整、⑦里親サロンの運営、⑧里親会の活動への参加奨励および活動支援、⑨アフターケアとしての相談があげられます。

　現在のところ、里親支援専門相談員は子どもと里親の側に立って里親委託の推進と里親支援を行う専門職として配置されているため、施設の直接処遇

職員の勤務ローテーションには入らないようになっています。

○心理療法担当職員

　心理療法担当職員は、虐待等による心的外傷等のため心理療法を必要とする子どもおよび夫等からの暴力等による心的外傷等のための心理療法を必要とする母子に、遊戯療法、カウンセリング等の心理療法を実施し、心理的な困難を改善し、安心感・安全感の再形成および人間関係の修復等を図ることにより、対象となる子ども等の自立を支援することを目的として、児童心理治療施設には必置、心理療法を行う必要が認められる子ども等が10人以上いる児童養護施設、児童自立支援施設、乳児院、母子生活支援施設には配置がなされています。

　資格要件としては、大学で心理学を専修し、個人および集団心理療法の技術を有する者と定められています。主な職務として、①対象となる子ども等に対する心理療法、②対象となる子ども等に対する生活場面面接、③施設職員への助言および指導、④ケース会議への出席等があげられます。

　虐待は、子どもの身体と心に大きな影響を与えます。時には生活場面で起きている子どもの言動や要因を担当職員が理解できない場合もあります。そこで心理療法担当職員が心理療法を通して子どもの心理面をアセスメントするとともに、その所見をケース会議や担当職員へ伝達することで、多面的に子ども自身を捉え、関わりにつなげていくことが可能になります。

○個別対応職員

　個別対応職員は、虐待を受けた子ども等の施設入所の増加に対応するため、個別対応が必要な子どもへの1対1対応、保護者への援助等を行う職員を配置し、虐待を受けた子ども等への対応の充実を図ることを目的として、児童養護施設、乳児院、児童心理治療施設、児童自立支援施設、母子生活支援施設に配置されています。

　主な職務として、①虐待を受けた子ども等、特に個別の対応が必要とされる子どもへの個別面接、②虐待を受けた子どもへの生活場面での1対1の対応、③虐待を受けた子どもの保護者への援助などがあげられます。

○基幹的職員

　基幹的職員（スーパーバイザー）は、一定の施設職務の経験を有し、一定の研修を修了した専門職です。施設の組織力の向上、自立支援計画の作成・進行管理や職員の指導等を行うことを主な職務としています。

　基幹的職員に期待される役割として、施設での人材育成があります。欧米では、乳幼児期から特定の大人が継続的に関わる支援（パーマネンシーケア）が有効だといわれていますが、施設の職員が長く関わり続けられる環境ではないのが現実です。そのため施設職員の育成は大きな課題となっています。

外部への研修や学習会の参加により、専門性や資質の向上を図り育成していくことも一つですが、日ごろから職員の行動や子どもとの関わり、関係性に目を向け、適切な助言と調整（On the Job Training：ＯＪＴ）を通して人材育成をしていくことが重要だといえます。基幹的職員が中心となり人材育成を組織的に取り組むことにより、より強固な職員集団がつくられ、結果的には子どもが安心して生活できる生活環境の保障につながっていくのです。

〇その他の専門職

　子どもの生活支援を直接行う職員のほかに、施設形態によって栄養士や調理員を置くことが義務付けられています。子どもの成長に必要な栄養の摂取に配慮し嗜好調査を通して、地産地消を意識した献立の作成と食事作りを行うことが主な業務です。また、食事のマナーや季節を意識した食材を使い日本の慣習・文化を伝えていくことを「食育」として取り組んでいく必要もあります。しかしこのような業務内容を、小規模施設であれば保育士が担わなければなりません。したがって、調理や栄養に関わる知識・技術の習得も施設保育士には求められるといえます。

　また、施設の事務員の役割も大きいといえます。現在、児童福祉施設の多くには措置制度が残っており、国や地方自治体が措置費という形で各施設に支弁するようになっています。措置費は事業費（主に子どものために使われる）と事務費（施設運営や人件費に使われる）に大別されます。事務員は、この措置費の活用について専門的な知識を必要とし、補助金や助成制度をうまく活用しながら、子どもの生活や職員の労働環境がより良いものになるよう取り組むことが必要です。

　食生活を通して子ども本来の姿が見えてくる場合もありますし、子どもの資格取得や進学等に関する助成金の情報等が提供できるかどうかが、子どもの人生を左右する場合もあります。さらには子どもの支援に直接関わることが少ない職員だからこそ、子どもが相談にくるケースもあります。したがって、子どもの育ちを施設保育士と共有しておくことも大切になります。

Section 2 専門職の職業倫理

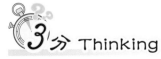
3分 Thinking

・社会的養護に関わる職員が持つべき専門性とは何でしょうか。子どもの生活に関わる職員が、具体的に何をすることが専門性につながっていくのか、考えてみましょう。

1 専門職の職業倫理

要約 児童福祉施設に従事し、社会的養護に関わる保育士などの職員は、専門職としての倫理が求められます。専門職が守るべき倫理は、各団体の倫理綱領により定められています。

① 専門職と倫理

　設備運営基準の第7条では、「児童福祉施設に入所している者の保護に従事する職員は、健全な心身を有し、豊かな人間性と倫理観を備え、児童福祉事業に熱意のある者であつて、できる限り児童福祉事業の理論及び実際について訓練を受けた者でなければならない」とされており、児童福祉施設に働く職員には「倫理」が求められています。

　専門職者として、その仕事の過程や結果がもたらす重大性や、発信する言葉や行動などの影響力を十分理解し、その専門性を子どもの最善の利益にかなうよう発揮することが求められるのです。さらには、自らの専門的見識、技術や価値観、倫理観に基づいて判断、行動することを自覚し、それらを追求するという側面もあるのです。

② 倫理綱領

　社会的養護の専門職の多くは、保育士や児童指導員など児童福祉施設において子どもの養育や療育など、生活支援も含めた幅広い役割を担います。それは短期的な支援ではなく、その支援が何十年と長期にわたる場合もあります。人格の形成において未熟な子どもたちの支援を継続的に行うためには、専門職固有の倫理が必要となってきます。

　全国児童養護施設協議会が定めた倫理綱領では、施設で働く職員の守るべき倫理が10項目掲げられており、常に子どもの最善の利益を最優先にした養育を追求していくという姿勢が求められています。また、保育士や児童指導員など、子どもと直接関わって支援する専門職は、この倫理綱領を常に心がけていることで、専門職としての倫理観や専門性を担保するという役割も担っているのです。

全国児童養護施設協議会　倫理綱領

①子どもの利益を最優先した養育をおこないます

②子どもの理解と受容、信頼関係を大切にします

③子どもの自己決定と主体性の尊重につとめます

④子どもと家族との関係を大切にした支援をおこないます

⑤子どものプライバシーの尊重と秘密を保持します

⑥子どもへの差別・虐待を許さず、権利侵害の防止につとめます

---

⑦最良の養育実践を行うために専門性の向上をはかります

⑧関係機関や地域と連携し、子どもを育みます

⑨地域福祉への積極的な参加と協働につとめます

⑩常に施設環境および運営の改善向上につとめます

2　専門性と自己覚知

要約　子どもの姿を客観的に捉え支援できるようになることも専門職の専門性の一つです。また、子どもを支援するためには、自分自身の養育環境を理解し、強みや課題も含めしっかりと認識しておくことも大切です。

① 専門職の専門性とは

　子どもとの関わりにおいて具体的に求められるものは、感性の豊かさであり、それに基づく子どもへの配慮、そしてさまざまな経験や体験から得た知識です。本来なら家族と一緒に生活すべき子どもが、家族と離れて暮らさざるを得ない心の葛藤、施設での生活や自分の将来への不安、人間関係でのつまずきなど、さまざまな感情が複雑に結び付いて現在の子どもの姿があることに、職員が思いをはせることが大切です。日々の触れ合いを通して、子どもの心の動きに寄り添いながらも本来の子どもの姿を客観的に捉え支援できるようになることが専門職の専門性といえるでしょう。

② 自分自身を知ること（自己覚知）の大切さ

　援助関係の基本原則を示したバイステックの原則[*1]のうちの一つである「統制された情緒的関与」では、「ケースワーカー（職員）は援助という目的を意識しながら、ケースワーカー（職員）自身の感情をコントロールし、クライエント（子ども）の感情に共感かつ適切な形で反応すること」が示されています[1)]。職員が自分自身の感情のコントロールをするためには、自分自身の強みや課題を認識していなければなりません。特に社会的養護のもとで生活している子どもの心の傷に触れるということは、職員自身の心の傷に触れることにつながってしまう可能性もあるのです。

　例えば、職員自身の成育歴と入所児童の成育歴が同じような境遇の場合（被虐待経験、親の離婚や再婚の経験、親族の死を経験している場合など）は、必要以上に子どもに感情が入ってしまったり、反対に自らの過去を思い出して支援ができなくなる場合もあります。そのために、職員は、自分自身がどのような人間なのか、どのような環境のなかでどのように育ってきたのか、強みや課題も含めてしっかりと認識しておくことが大切なのです。

＊1
P.173 の表9−3を参照。

全国児童養護施設協議会『この子を受けとめて、育むために』のなかでも、「人は相手の器に応じて自分を開示する。私たちは常に自らのあり方を問われている」とあり、子どもが心を開くかどうかは、職員が子どもたちにどこまで心を開いているのか、その姿勢が試されているといえるでしょう[2]。

社会的養護に関わる専門機関

3分 Thinking

・関係する専門機関同士が連携することが、なぜ必要なのか考えてみましょう。

1 社会的養護に関わる専門機関

要約 子どもの最善の利益を守るためにさまざまな専門機関が連携しています。専門機関には、児童相談所や児童家庭支援センターなどの子ども家庭福祉に関わる機関のほかにも、家庭裁判所や少年鑑別所などの司法福祉に関わる機関があります。

① 児童相談所

児童相談所は、18歳未満の子どもとその家族に関わる相談援助機関の中心となる機関といえます。都道府県や政令指定都市、一部の中核市[*2]などに設置され、2017（平成29）年度から、新たに特別区[*3]においても設置できることとなりました。2022（令和4）年7月1日現在、全国に229か所設置されています。

児童相談所の職員は、一定の資格要件を持つ所長、児童福祉司、児童指導員、保育士等が配置されています。2016（平成28）年の児童福祉法の改正により、スーパーバイザーや児童心理司、医師または保健師[*4]、弁護士の配置等が図られ、体制が強化されました。

児童相談所の主な業務としては、①市町村による児童家庭相談への対応について市町村間の連絡調整、情報提供等必要な援助を行うこと、②子どもに関する家庭その他からの相談のうち、専門的な知識および技術を必要とするものに応じること、③子どもおよびその家庭について、必要な調査・判定を行うこと、④調査・判定に基づき必要な指導を行うこと、⑤子どもの一時保護を行うこと、⑥児童福祉施設入所措置、里親委託を行うことなどがあげられます。

<aside>
*2
児童相談所を設立している中核市は、2022（令和4）年現在、金沢市、横須賀市、明石市、奈良市となっています。

*3
2022（令和4）年4月現在、港区、世田谷区、荒川区、江戸川区、中野区が児童相談所を設置しています。
</aside>

　児童相談所が受理する相談の種類としては、①養護相談、②保健相談、③障害相談、④非行相談、⑤育成相談、⑥その他の相談に分類されます。

　相談内容は比較的軽微なものであれば、相談内容に応じた助言や家庭訪問や児童相談所への通所指導など継続的な在宅指導を行いますが、虐待や保護者が適切に養育できないと判断した場合には、一時保護を実施し、里親もしくは児童福祉施設への入所措置をとります（図8－1）。

　また、2004（平成16）年の児童福祉法改正により市町村が児童相談の第一義的な窓口として位置づけられたため、児童相談所は市町村の後方支援を行う高度な専門機関としての役割を担うこととなりました。市町村には要保護児童対策地域協議会の設置も求められており（児童福祉法第25条）、支援・保護が必要な子どもに対して地域の関係機関との連携のもとで進めていくことになります。

＊4
2019（令和元）年の児童福祉法改正により、2022（同4）年度から医師、保健師の両方が配置される予定です。

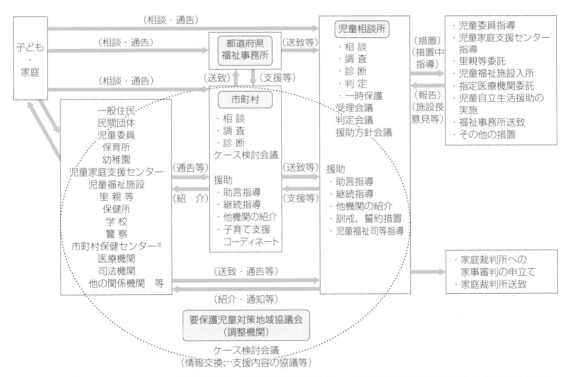

注：市町村保健センターについては、市町村の子ども家庭相談の窓口として、一般住民等からの通告等を受け、支援業務を実施する場合も想定されます。

図8－1　市町村・児童相談所における相談援助活動系統図

出典：厚生労働省「児童相談所運営方針について（子発0329第14号）」2023年

② 児童家庭支援センター

　児童家庭支援センターは、1997（平成9）年の児童福祉法改正により創設され、第二種社会福祉事業に該当する児童福祉施設です。児童家庭支援センターの多くが乳児院や児童養護施設に附置されているため、その専門職とも連携しながら、地域の子どもや家庭からの相談に応じています。また、子育ての悩みや相談を共有できるよう交流事業を計画・実施したり、保健師や心理療法等を担当する職員とも連携しながら発達相談や養育支援を行い、虐待の早期発見、予防に努めています。さらに、児童相談所からの指導委託に基づく指導、関係機関との連絡調整、里親やファミリーホームへの支援を行っています。公的機関が閉鎖されている土日、祝日に相談に応じることも可能であり、電話相談のほか、来所相談も受けながら、相談内容によっては専門機関へとつなげていく役割も担っています。

③ 保健所、市町村保健センター、医療機関

　保健所は、地域保健に関する広域的・専門的・技術的な拠点であり、都道府県、政令指定都市、中核市、その他の政令で定める市または特別区に設置されています。市町村には地域に身近な機関として、市町村保健センターがあり、健康相談、保健指導、健康検査などを地域住民に対して行っています。
　医療機関は、子どもの発達相談や心理判定に関わる助言など、医学的な判断や治療を行っています。

④ 家庭裁判所

　家庭裁判所は、子どもの司法福祉に関わる代表的な機関で、親子関係の紛争などの家事事件に関する調停や審判、非行を犯した少年の事件について審判を行います。
　子ども虐待の解決にも深くかかわっており、親権の濫用によって子どもの最善の利益が守られないと判断した場合には、親権の停止（2年を上限）や喪失をさせることができます。

⑤ 少年鑑別所

　少年鑑別所は、家庭裁判所等の求めに応じて、非行のあった子どもについて、その非行の原因等について専門的な知識や技術に基づいて明らかにし、その改善のために適切な指針を示すこと、少年鑑別所に収容される子どもに対し、観護処遇を行うこと、地域社会における非行および犯罪の防止に関する援助を行う施設です。

表8－1　少年院の種類

少年院の種類	収容される少年
第一種少年院	心身に著しい障害がないおおむね 12 歳以上 23 歳未満の者
第二種少年院	心身に著しい障害がない犯罪的傾向が進んだおおむね 16 歳以上 23 歳未満の者
第三種少年院	心身に著しい障害があるおおむね 12 歳以上 26 歳未満の者
第四種少年院	少年院において刑の執行を受ける者
第五種少年院	「特定少年」（18 歳以上 20 歳未満）のうち、2年間の保護観察の保護処分を受けた者のうち、保護観察中に重大な遵守事項違反があった者

⑥ 少年院

　少年院は、非行により保護処分や刑の執行を受けた少年に対し、その健全な育成を図ることを目的として矯正教育、社会復帰支援等を行う施設で、その種類は、少年の年齢、心身の状況および非行傾向等を基準として、4種類に分けられています（表8－1）。家庭裁判所が少年院送致決定をする際に指定する少年院の種類は、第一種から第三種までに限られています。

⑦警察

　警察は、子どもの健全育成に関わる相談活動、街頭補導や非行防止活動を行っています。また、子ども虐待が疑われる情報を認知した場合は、子どもの保護や児童相談所への通告を行うなど、安全確認および安全確保を最優先した対応を行っています。さらに、児童相談所長から子どもの安全確認、一時保護を行う場合においての警察署長に対する援助要請がなされた場合には、その援助を行っています。

Section 4　子どもが求める職員とは

3分 Thinking

・子どもにとって「良い職員」とはどのような職員でしょうか。考えてみましょう。

1　子どもにとっての良い職員像

要約　養育者の姿勢として大切なことは「子どもの声を聴くこと」です。また、子どもが求める職員像としては「公平に関わる」「真剣に話を聴いてくれる」などがあげられます。

① 子どもたちの声を聴くこと

　全国社会福祉協議会『子どもの育みの本質と実践』のなかで、「養育の関わりのなかで重要なことは、子どもの声を聴き、子どもから学ぼうとする職員側の姿勢である」[3] と、子どもの声を聴くことの大切さが述べられています。

　また津崎哲雄は、「当事者の声は、受けているサービスの当事者自身による評価である」[4] と、当事者（子ども）の声は受けてきたサービス（施設内での支援）への評価になると述べています。

　2012（平成24）年度から、社会的養護関係施設（乳児院、児童養護施設、児童自立支援施設、児童心理治療施設、母子生活支援施設）にも、第三者評価制度が導入され、毎年の自己評価と専門機関による評価を3年に1度以上受審し、その結果を公表しなければならないとされています。ここでも子どもへの聞き取りが行われ、子どもが施設生活においてどのようなことを望んでいるのか、当事者の意見をもとに評価していくシステムが確立されています。

② 子どもが求める職員とは

　全国児童養護施設協議会が児童養護施設を退所した人にインタビュー調査を行った結果が示されています[5]。そこでは、子どもが求める職員像として、「公平に関わる」「真剣に話を聴いてくれる」「頭ごなしに怒らない」「いいぶんを聴いてくれる」「気にかけてくれる」「真剣に向かいあってくれる」があげられ、反対に否定的な職員像として、「自分の気に入っている子どもだけをかわいがる」「話を聴かず、自分の考えを押しつける」「気分によって態度が異なる」「言うべきときに何もいわない」があげられています。

　さらに、職員に対する思いとして、「子ども同士で職員に対し気を遣っていた」「職員に好かれる術を身につけた」「仲の悪い職員たちが一緒にいると、子どもは気を遣う」「担当職員以外に相談すると、担当職員に怒られた」「職

＜入所児童＞	＜共通項＞	＜退所児童＞
・平等な関わりをしてほしい	・施設生活の改善をしてほしい ・職員自身が言葉や態度の改善をしてほしい ・話を聴いてほしい ・子どもへの関わり方を良くしてほしい	・自らの行動に対して子どもに説明できる人 ・仕事への姿勢と取り組みを改善してほしい ・仕事を継続してほしい

職員に望むこと

図8-2　職員に望むこと

子どもが求める良い職員の具体像

入所児童	共通項目	退所児童
・理解、信頼してくれている人 ・気にかけてくれる、声をかけてくれる人、 ・特にない、わからない	・話を聴く、話をしてくれる人 ・感情（喜怒哀楽）表現がきちんとできる人 ・親身になる、向き合ってくれる人 ・平等、公平性がある人	・家族、親のように接してくれる人 ・明確な意思（良い悪いなど）を持つ人

図8－3　子どもが求める良い職員像

員間で意見が違うことが多かった」「職員の力関係をうまく利用した」があげられています。

　筆者は、児童養護施設に入所している中学生以上の子ども（入所児童）143名と児童養護施設の生活経験者（退所児童）94名に、①職員に望むこと、②子どもが求める良い職員像の2点について聞き取り調査を行いました[6]。その結果は図8－2、図8－3の通りです。

　最後に、小学校から18歳まで児童養護施設で生活を送り、その後大学に進学、保育士を目指しているＹさんの手紙の一部を紹介します。

　子どもに関わるときに大切なことは、子どもの気持ちや抱えている思いを汲み取り、理解しようとすることだと思います。自分の思いを言動や行動で表現できる子に対してはもちろんのこと、うまく表現できない子に対しても、同じ関わりを持つことが必要だと思います。すべての職員が同じ関わり方はできないですが、同じ思いで子どもと関わることはできると思います。叱ってくれる、褒めてくれる、どんな些細なことであっても職員の関わりが子どもの心のなかで生きてくるので、目の前の子どものために（中略）必ず良い影響を与えることを信じて関わり続けていくことが必要になるのではないでしょうか。

　全国児童養護施設協議会や筆者の調査、Ｙさんの手紙からも、子ども自身が職員から受け入れられている、大切にされていると感じられるかどうかが（子どもにとって）良い職員に近づける要素であることがわかると思います。

施設という集団生活のなかで「平等・公平に関わってほしい」と切に願っている想いに応えるためには、声掛けや関わり方そのものだけではなく、まずは、どの子どもにも同じだけ思いを持つ（持とうとする）ことが必要になるのではないでしょうか。

【引用文献】
1）大竹智・山田利子編『保育と社会的養護原理』みらい　2014年　p.204
2）全国児童養護施設協議会『この子を受けとめて、育むために』2012年　p.34
3）全国社会福祉協議会『子どもの育みの本質と実践—社会的養護を必要とする児童の発達・養育過程におけるケアと自立支援の拡充のための調査研究事業：調査研究報告書—』2009年　p.113
4）レイサ・ペイジ、ジョージ・A・クラーク著、津崎哲雄訳『養護児童の声—社会的養護とエンパワメント—』福村出版　2010年　p.12
5）同上書　pp.156-157
6）藤田哲也「児童養護施設での生活経験のある者からみた『よい職員』とは—入所児童と退所児童へのアンケート調査の結果から—」『金城学院大学論集（人文科学編)』第8巻第2号　2013年　pp.189-190

【参考文献・参考ホームページ】
●大竹智・山田利子編『保育と社会的養護原理』みらい　2014年
●神戸賢次・喜多一憲編『新選・児童養護の原理と内容』みらい 2006年
●国家公安委員会・警察庁編『平成27年版警察白書』日経印刷　2015年
●厚生労働省ホームページ　https://www.mhlw.go.jp/（2023年7月10日閲覧）
●裁判所ホームページ　https://www.courts.go.jp/（2023年7月10日閲覧）
●法務省ホームページ　https://www.moj.go.jp/（2023年7月10日閲覧）
●厚生労働省「社会的養護関係施設における第三者評価及び自己評価の実施について」　https://www.mhlw.go.jp/stf/seisakunitsuite/bunya/kodomo/kodomo_kosodate/syakaiteki_yougo/03.html（2019年9月1日閲覧）
●厚生労働省「児童相談所関連データ」　https://www.mhlw.go.jp/content/11900000/000991941.pdf（2023年7月10日閲覧）

●学びを振り返るアウトプットノート

年　月　日( )　第( )限　学籍番号＿＿＿＿＿＿　氏名＿＿＿＿＿＿＿＿＿＿＿

❖ この Chapter で学んだこと、そのなかで感じたこと（テーマを変更してもOK）

❖ 理解できなかったこと、疑問点（テーマを変更してもOK）

❖ TRYしてみよう ❖

① 児童福祉施設の設備や人員配置などの基準は、（　　　　　　　　　　　　　　）
で定められている。

② 入所している子どもの保護者への相談援助や退所後の子どもへの継続的な相談援助、里
親委託の推進などを主な業務として行う（　　　　　　　　　）は、児童養護施設、乳
児院などに配置されている。

③ 社会的養護は、児童相談所や児童家庭支援センターなど子ども家庭福祉に関わる機関だけ
ではなく、家庭裁判所や少年鑑別所など（　　）福祉に関わる機関などとも連携している。

①児童福祉施設の設備及び運営に関する基準　②家庭支援専門相談員　③司法

Chapter 9 社会的養護とソーシャルワーク

●イメージをつかむインプットノート

Section 1 「社会的養護におけるソーシャルワークの必要性」のアウトライン

ソーシャルワークの定義は、時代に合うように見直されて各々の領域で活用・援用されてきました。そのソーシャルワークの理論（考え）は、背景に複雑な事情などを抱えている社会的養護の対象者を支援する手段・方法としてさまざまな場面で用いられています（p.166）。

Keyword

☑ グローバル定義
☑ 人権の保障
☑ 自己実現
☑ 生活モデル

ソーシャルワークは悩みや不安、困りごとのある人を支援する際に用いられる手段・方法です。

Section 2 「ソーシャルワークと近接領域の支援」のアウトライン

ソーシャルワークは、社会資源を活用して支援する援助技術です。施設養護におけるケアワークを効果的に機能させていくには、ソーシャルワークと適切なかたちで連動させながら展開していくことが望まれます（p.168）。

Keyword

☑ 心理療法
☑ カウンセリング
☑ ケアワーク
☑ ソーシャルワークとの連動性

家庭への総合的な支援

Section3 「ソーシャルワークの枠組み」のアウトライン

　社会的養護関係の施設には、家庭支援や里親支援を担う専門の職員が配置されています。ソーシャルワークを担う専門職（保育士を含む）には、課題解決に向けて、さまざまな役割を果たしていくことが求められます。なお、彼らが用いるソーシャルワークは、直接援助技術・間接援助技術・関連援助技術に整理することができます（p.170）。

Keyword

☑ 家庭支援専門相談員
☑ 里親支援専門相談員
☑ ソーシャルワークの機能
☑ ソーシャルワーカーの機能
☑ 直接援助技術
☑ 間接援助技術
☑ 関連援助技術

ほかの親はどんな子育てをしてるのかな？
直接援助技術

子育て中の親たちが集える場をつくろう!!
間接援助技術

専門家への助言・指導、ネットワークづくり
関連援助技術

ソーシャルワーカーは、課題を解決するために、いろいろな援助技術を使っているんだね！

Section 4・5・6 のアウトライン

　ケースワークやグループワーク、関係機関等との連携を通して、課題の解決や目標の達成、家庭復帰や自立などを支援していきます。その際には、対人支援に関する基本的な態度や価値が欠かせません。また、支援は施設内の関わりだけで完結するのではないとの考えのもと、広い視野をもって子どもや保護者を支える視点が求められます（p.174、p.176、p.178）。

Keyword

☑ ケースワーク
☑ リッチモンド
☑ バイステックの原則
☑ グループワーク
☑ コノプカ
☑ プログラム活動
☑ ケアワーカー
☑ 自立支援計画
☑ 関係機関との連携

「支援」とひとことで言っても、対象や目的によってその内容は違うんだね。

Section 1 社会的養護におけるソーシャルワークの必要性

3分 Thinking

・子ども虐待の背景にある、①人的な課題、②生活・環境面の課題には、それぞれどのようなものがあるか、考えてみましょう。

---

1 社会的養護におけるソーシャルワークの意義

要約 ▶ ソーシャルワークは、「支援の対象者」と「その人が置かれている環境」の相互作用に着目します。社会的養護の対象となる複雑かつ重層的な課題を抱えた子どもや家庭を支えていくためには、このソーシャルワークの視点が欠かせません。

① 社会的養護とソーシャルワーク

*1 **代替的養護**
生来の家庭での養育に代わって施設等において養護を行う形態です。代替的養護の形は、大きく施設養護（乳児院、児童養護施設など）、家庭養護（里親など）に分けられます。

社会的養護が必要となる状況は、何らかの事情で、子どもが保護者からの適切な養育を受けられない状態が発生するところから始まります。

実際に社会的養護（主に代替的養護*1）の対象になるのは、不慮の事故や病気等によって保護者を亡くしたり、子ども虐待や経済的に非常に貧しく子育てができないなどの理由から、"保護者が監護できない"あるいは"させることが望ましくない"状況にある家庭の子どもたちであり、児童福祉法には要保護児童という呼称で位置付けられています。とりわけ、代替的養護（主に施設養護など）の対象となる子どもは、一般家庭で育つ子どもと比べて、人や場所との別れによる傷つき体験や、虐待を受けた経験、家族との分離体験など、複雑かつ重層的な背景を抱えていることが少なくないことから、支援者には社会的養護の対象児童が持つ多様な性格の理解が欠かせません。一方で、代替的養護が目指すところは、親元から子どもを引き離すことではありません。虐待がある環境などから安全を確保するために子どもを保護することは必要なことですが、最終的な目標は、家族が再びともに生活を送るための健全な養育環境の構築（一般的に家庭復帰と称されている）であることから、施設入所等に至った大きな困難を抱える当事者およびその家庭への支援も並行して進めていく必要があります。

このように、子どもやその家庭を支えたり、当事者の力を伸ばしたり、権利を守るための具体的な支援・援助*2の方法・手段としてソーシャルワークの知識や技術が必要になります。

② ソーシャルワークが果たす役割

　一般的に、実践場面ではソーシャルワークの実践者をソーシャルワーカー、対象者をクライエントと呼んでいます。ソーシャルワークは時代に合うように定義が見直されて、各々の領域や対象者に合う形で活用・援用されてきました。ここでは、「ソーシャルワーク専門職のグローバル定義」（以下「グローバル定義」）を取り上げて、ソーシャルワークの特徴をみていきます。

ソーシャルワーク専門職のグローバル定義（抜粋）

　ソーシャルワークは、社会変革と社会開発、社会的結束、および人々のエンパワメントと解放を促進する、実践に基づいた専門職であり学問である。社会正義、人権、集団的責任、および多様性尊重の諸原理は、ソーシャルワークの中核をなす。ソーシャルワークの理論、社会科学、人文学、および地域・民族固有の知を基盤として、ソーシャルワークは、生活課題に取り組みウェルビーイングを高めるよう、人々やさまざまな構造に働きかける。

　グローバル定義をもとに考えれば、ソーシャルワークとは、人権の保障や自己実現に向けた支援を意味するウェルビーイングの向上を目指すものであり、"人が生きていくなかで発生したさまざまな諸課題（生活課題に限らない）に対応するために、多領域の学問を活用して展開される伴走的な支援"と捉えることができます。そして、個人や小集団を対象に展開されることが多い保育領域におけるソーシャルワークでは、人と環境[*3]はお互いに関わり合いながら影響し合い変化する関係性にあるという交互作用の視点が重視されます。これを生活モデルといい、ソーシャルワークの実践における中核的な理論（考え方）になっています。

　一方で、保育士の専門性を発揮する段階（介入の切り口）は、「ミクロ（個人～集団）」「メゾ（組織～地域）」「マクロ（制度・政策）」からなる3領域レベルに分けられ、実際に、ソーシャルワークには、制度・政策の改善等に向けて世論を喚起する働き（これをソーシャルアクションと言います）を行うことも含まれます。子どもたちを取り巻く虐待や貧困をはじめとする児童家庭福祉に関する社会的な諸課題に対して、児童福祉施設には養護実践での知見やその専門的立場から社会に働きかけを行う役割が求められますが、各々の施設や現場レベルではいまだに積極的な関与には至っていない場面が多く見受けられます。グローバル定義にあるように、人々やさまざまな構造に働きかけを行い、子どもの最善の利益を守るための行動や取り組みへとつながることが望まれます。

---

*2　**支援・援助**
国の通知や報告等をみても、支援・援助に関する定義はありません。一般的には、代替的に行う行為を援助（help）、側面的に関わる行為を支援（support）の意味で使われることが多くあります。しかし、法律文やその具体的な行為などをふまえると明確に区別することができない部分も多いことから、適宜読み替えをお願いしたい。

*3　**人と環境**
人と環境の関わりを捉える枠組みには、主なものとしてエコロジカル、システム、バイオ・サイコ・ソーシャルなどの理論があります。

Section 2 ソーシャルワークと近接領域の支援

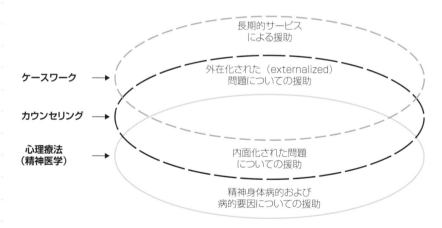

3分 Thinking

・①子ども、②家族を支えていくための支援の方法には、どのようなものがあるでしょうか。①は一日の子どもの生活、②は保護者の不安や悩みの視点から考えてみましょう。

1 ソーシャルワークと近接領域との相違点・関係性

要約 ▶ 心理療法やカウンセリングとの大きな違いは、ソーシャルワークでは社会資源を活用して支援が展開される点にあります。ケアワークとの関係においては、両者の行為を切り離して捉えるのではなく、連動した営みとして理解することが大切です。

① 心理療法・カウンセリングとの関係

ソーシャルワークの近接領域には、心理療法やカウンセリングがあります。

心理療法とは、悩みや苦しみ、心が関係している身体的症状に対して心理学の知識を用いて援助することによって問題の解決を目指す方法のことであり、絵を描く、ダンスをする、歌を歌う、箱庭を作らせることなどを広く含みます。カウンセリングとは、このなかでも特に言語的な話し合いを中心にするものをいいます[1]。

ケースワーク →

カウンセリング →

心理療法
（精神医学） →

長期的サービス
による援助

外在化された（externalized）
問題についての援助

内面化された問題
についての援助

精神身体病的および
病的要因についての援助

※ここではソーシャルワークの中核であるケースワークを取り上げて説明している。

図9-1 ソーシャルワーク・カウンセリング・心理療法の関係

出典：H.H. アプテカー著、坪上 宏訳『ケースワークとカウンセリング』誠信書房 1964年
p.122 をもとに筆者作成

　これら2領域は、個人への働きかけを通して病的要因や内面を主とする問題の解決を目指すのに対して、ソーシャルワークは社会資源*4を活用して人と環境の関係調整を図ることを目的としている点に主な違いがあります。

② ケアワークとの関係

　ケアワークとは、対象者への直接的あるいは間接的なサービスによる日常生活上の支援（いわゆる生活支援）のことをいいます。居住型施設の日常生活支援を指す場合には、レジデンシャルケアともいわれます。

　施設養護では、生活習慣や知識・技術の習得、意欲の向上等を目指して生活支援が行われており、実際の業務としては、遊び、食事、着脱、入浴、排泄、余暇活動、学習支援など、一日の生活を構成する各々の日課が当てはまります。これらを担当するのは、保育士や児童指導員をはじめとする専門職であり、家庭に代わって子どもたちの健やかな育ちや自立を支えています。

　児童養護施設運営指針では、社会的養護の地域の拠点として、施設には「総合的なソーシャルワーク機能を充実していくことが求められ」「ソーシャルワークとケアワークを適切に組み合わせ、家庭を総合的に支援する仕組みづくりが必要」であることが示されています。この点について、網野武博は、縦糸をケアワーク、横糸をソーシャルワークに見立てて、ケアワークは保護・扶助としての福祉の根幹をなす機能で要保護児童の福祉の基盤を支えるものであるが、子どもや親（保護者）、家族間に生じている複雑な構造を把握するところにソーシャルワークの営みが欠かせないとして、ケアワークの専門性の深さや両者の連動性[2]を指摘しています。

　このように、児童福祉施設（乳児院、児童養護施設、障害児関連の各施設など）における支援は、その内容を二分化して捉えたり、どの職種がどの職務を行うという限定的な行為で考えるのではなく、保育士を含む施設の職員全員が状況に応じてソーシャルワークを実践する立場にあることを理解しておくこ

＊4　社会資源

生活上のさまざまな課題や本人が持つニーズを充足するために用いられる制度・機関・人材・知識・技術等の総称です。制度化されたものとされていないものに分けて、公的なサービスなどを「フォーマルな社会資源」、家族・親戚・友人・近隣の人、ボランティアなどを「インフォーマルな社会資源」などと説明することもあります。

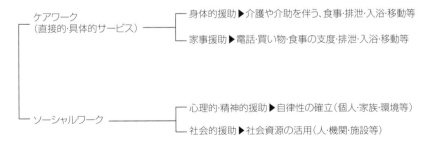

図9－2　ケアワーク・ソーシャルワークの関係

出典：成清美治『ケアワーク論』学文社　1999年　p.12を参考に筆者作成

とが大切です。そして、単純反復作業と揶揄される家事援助についても、一つひとつの行為に“発達”や“自立”を見据えた明確な目標を持って意図的な働きかけとすることで、“ケア”や“支援・援助”の名にふさわしいソーシャルワークの要素を含んだ専門的な行為として位置付けることができるようになります。

ソーシャルワークの枠組み

3分 Thinking

- 施設で暮らす子どもが、家庭・家族との関係を持ちながら生活をするためには、どんな配慮や支援が必要でしょうか。保育士だけでできること、できないことに分けて考えてみましょう。

1　家族・家庭を支える仕組み

> **要約**　ケアワークとソーシャルワークの役割を保育士だけで担うことの難しさなどに対応するために、社会的養護関係施設には家庭支援専門相談員等の職員が置かれています。ほかにも、多様な職種が協働して家族関係の回復や子どもの自立を支えています。

① ソーシャルワークの実践者

　　施設養護におけるソーシャルワークの実践者は、前述の流れから考えれば真っ先に保育士や児童指導員の各職種が思い浮かびます。しかし、すべてのケース（事例）に対して、これらの職種がケアワークとソーシャルワークの2つの機能および役割を担っていくことは、理論的には可能であっても現実的には難しく、担当しているケースによっては業務過多の状況からケアワークすら満足に行えない悪循環に陥ることも予測されます。このような施設養護現場の実態もふまえて、社会的養護関係施設には家庭支援や里親支援を専門に担う職員が配置されています。

　　家庭支援専門相談員はファミリーソーシャルワーカーとも呼ばれ、乳児院、児童養護施設、児童心理治療施設、児童自立支援施設に配置されています（配置義務あり）。児童相談所との密接な連携のもとに保護者等への電話連絡や面接等によって早期の家庭復帰に向けた支援を行うほか、入所している子どもの退所促進や親子関係の再構築等を図ることを目的に導入されました。

　　里親支援専門相談員は里親支援ソーシャルワーカーとも呼ばれ、里親支援

を行う乳児院と児童養護施設に配置されています（配置義務はなし）。児童養護施設や乳児院に地域の里親・ファミリーホームを支援する拠点機能を持たせたり、児童相談所の里親担当職員等と連携して、入所している子どもの里親委託の推進、退所児童のアフターケア・地域支援としての里親支援を行うなど、里親委託の推進および里親支援の充実を図ることを目的に活動しています。

② ソーシャルワーカーの機能と役割

　社会的養護の領域に限らず、ソーシャルワーカーには、課題解決に向けて、さまざまな機能（役割）を発揮することが求められます。

　まず、人と環境の関連性の視点からソーシャルワークの機能を捉えれば、①人と環境を調整する機能、②人の対処能力を強化する機能、③環境を修正・開発する機能に整理できます[3]。

　次に、その実施者であるソーシャルワーカーの機能に着目すると、日本社会福祉実践理論学会ソーシャルワーク研究会が整理[4]したところでは、仲介的機能、調停的機能、代弁的機能、連携的機能、援助的機能、治療的機能、教育的機能、保護的機能、組織的機能があります。実際には、施設や機関の設置目的が相談援助中心の場合には仲介的機能や連携的機能が比較的多く実施されることになり、児童養護施設等の入所型施設ではそれらは少なく、

表9-1　ソーシャルワーカーの機能と役割

機能	役割
仲介的機能 （human services broker）	クライエントと社会資源との仲介者（ブローカー）として働く
調停的機能 （mediator）	クライエントや家族と地域社会の間で意見の違いや争いがある時、その調停者（メディエーター）として働く
代弁的機能 （advocator）	権利を守ることやニーズを自ら表明できないクライエントの代弁者（アドボケーター）として働く
連携的機能 （linkage）	公的な社会的サービスやインフォーマルな社会資源の間を結びつける連携者（リンケージ）として働く
援助的機能 （residencial work）	施設内における利用者に対する生活全体の直接援助を行う
治療的機能 （clinician）	治療者（セラピスト）として働く
教育的機能 （educator）	教育者（エデュケーター）として働く
保護的機能 （protector）	児童等に対して保護者（プロテクター）として働く
組織的機能 （organizer）	フォーマル・インフォーマルな活動や団体を組織する者（オーガナイザー）として働く

出典：日本社会福祉実践理論学会ソーシャルワーク研究会『ソーシャルワークのあり方に関する研究　調査報告書』　1997年 pp.63-64 をもとに筆者作成

逆に援助的機能や保護的機能が多い [5] など、施設や機関の種別や利用する
サービスによって、活用される機能や果たす役割は大きく異なります。

　親子が離れて暮らす施設生活では、家庭との交流は、子どもの意思を確認
しながら安定的かつ無理がないように慎重に進められています。しかし、親
子が離れた状態での生活が固定化されて新たな家庭の形がつくられた結果、
子どもの帰省時には存在自体が特別視されて、よそよそしい対応になるケース
も散見されます。このような例も含め、施設養護の領域にソーシャルワーク
が導入されたことによって、良好な家族関係が築かれたり、保護者の協力の
もとに子どもの社会的な自立を支える仕組みができたことが、結果として、
家族間で生じる温度差や行き違いの減少につながっているというプラス面の
効果を生んでいます。

2　ソーシャルワークの各援助

要約 ▶ ソーシャルワークは、方法・技術の特徴などから、大きく直接援助技術・間接援
助技術・関連援助技術に整理することができます。これらの援助技術を適切に組み合わせて、
課題やニーズに対応した効果的な支援内容を検討していきます。

① 直接援助技術・間接援助技術

　ソーシャルワークはさまざまな方法・技術から構成されており、代表的な
枠組みとして、直接援助技術と間接援助技術があります。

　直接援助技術とは、対象者に対して個別的あるいは集団的な働きかけを行
う援助技術であり、ケースワーク（個別援助技術）とグループワーク（集団援助
技術）から構成されます。社会的養護の領域では、子どもや保護者、あるい
は家族・家庭が抱えている複雑かつ多様なニーズに対応していくことなりま
す。その際には、それぞれの対象者に個別に対応する"ケースワーク"の援
助技術が欠かせず、加えて、子ども間の関係を調整したり、集団に対する各
種のプログラム活動や集団の相互作用を生かして子どもの成長・協調性等を
育む"グループワーク"の援助技術が必要になります。これらの直接援助技
術は、施設養護のなかで最も多く使われる援助技術であり、効果的な組み合
わせでもって対象者を包括的に支援していく視点が重要になります。

　間接援助技術とは、地域を巻き込んだ体制づくりや、調査・計画策定の方法
などを含むものです。子どもや保護者等に直接的に働きかけ行うのではなく、
社会福祉に関する環境や基盤の整備を目的とすることから、間接援助技術と呼
ばれています。表9－2に示す内容から構成されており、直接援助技術と併
用したり、統合されて用いられることで効果を発揮する援助技術です。

表9－2　間接援助技術の種類

コミュニティワーク （地域援助技術）	地域社会が抱えている諸課題を解決していくための専門技術であり、計画の立案や運営管理の技法を併せ持つ方法
ソーシャルワーク・リサーチ （社会福祉調査法）	社会現象を直接的に調査して、ニーズを正確に把握したり、福祉実践の向上を目指す方法
ソーシャル・アドミニストレーション （社会福祉運営管理）	従来、国や地方自治体の組織運営などを指す用語として用いられていました。現在は、各種の福祉サービスを提供する施設・団体・機関の組織運営・管理方法も含む方法としてこの用語が使われることが多くなっています
ソーシャルアクション （社会活動法）	関係者を組織化して、既存の制度やサービスの維持・改善・拡充などを求めて関係各所に働きかける方法
ソーシャル・プランニング （社会福祉計画法）	地域福祉の推進に欠かせない計画の方法として、時代に対応した社会福祉や社会資源を計画的に実現させて、社会が抱える諸課題を解決していくための方法

② 関連援助技術

　直接援助技術や関連援助技術と組み合わせて活用することで、より効果的な援助を可能にする援助技術を関連援助技術といい、ケアマネジメント、スーパービジョン、カウンセリングなどがあります。なかでも、"対象者が必要とする最適な支援を迅速かつ効果的に提供することを目的としたニーズ分析・サービス検討・支援に至る一連の過程"を特徴とするケアマネジメントや、"実践現場でその専門性が発揮されるようにスーパーバイジー（経験の浅い援助者など）がスーパーバイザー（豊富な経験や知識・技術を持った者）から指導・訓練を受ける"機能などを持つスーパービジョンは、子どもや家庭が抱えている複合的なニーズを解決するうえで積極的な活用が望まれる援助技術です。

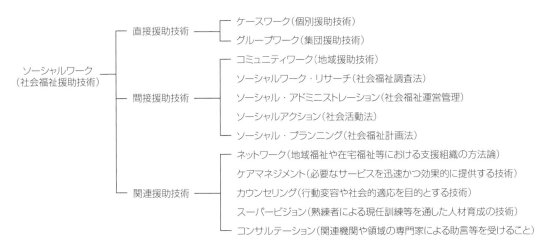

図9－3　ソーシャルワークの主な体系図

出典：福祉士養成講座編集委員会編『社会福祉援助技術Ⅰ』中央法規出版、2003年
pp.139-147 をもとに筆者作成

Section 4 ケースワークの概要

3分 Thinking

- 専門職であるなしに関係なく、どのような接し方をしてくれる人が相談をしやすいのか考えてみましょう。（相談をしたくない［しにくい］人をイメージして答えてもOK！）。

1　ケースワークの視点

> **要約** ▶ 子どもの自立支援計画は、児童相談所との協働のもとに主にケースワークによって展開されます。ソーシャルワーカーは、当事者の課題解決力などを強化して、当事者自身の意思で取り組み、解決に至ることができるように支援していきます。

① 社会的養護とケースワーク

＊5　**慈善組織協会**
1869年にイギリスで発足した地域の慈善活動を目指した団体のことで、貧困者の自宅を個別に訪問し、情報の提供などを行いました（この時の訪問員を友愛訪問員という）。

ケースワークは、イギリスの慈善組織協会＊5において友愛訪問員として活動していた実践を基に、リッチモンド（Richmond,M.E.）が体系化したものです。彼女は、ケースワークを「人間とその社会環境との間を個別に、意識的に調整することを通してパーソナリティを発達させる諸過程からなり立っている」6)と定義して、人と社会環境の調整を焦点に、当事者の力で課題解決に導いていく枠組みを示しました。

児童養護施設等の入所施設では、保育士、児童指導員、家庭支援専門相談員などの専門職が、家族や学校、地域、関係諸機関との連絡調整を行う役割を担っています。そうしたなかで、子どもや保護者の意向をふまえて立案された自立支援計画は、児童相談所と施設の協働のもとに主にケースワークによって展開7)されていきます。

ケースワークが重視される背景にあるのは、一人ひとりの子どものニーズや思いに応えていくために、集団の規模を小さくして子どもと向き合う時間を確保したり、その子どもの年齢や発達、個性等を汲んで環境に配慮をして対応していくことに着目した"個別対応の視点"です。

② ケースワークの基本原則

ソーシャルワーカーが対象者を支援するときに必要とされる基本的な態度や価値を示したものに、バイステック（Biestek,F.P.）が掲げた7原則があります。これらは「ケースワークの原則」あるいは「バイステックの原則」と

表9－3　ケースワーク（バイステック）の原則

原則	意味
個別化	支援が必要な一人ひとりは異なる事情や個性を持った人であることを理解する。
意図的な感情表出	当事者のさまざまな感情の表出を促して自由に感情表現できるように援助する。
統制された情緒的関与	支援者は自分をよく知り、当事者の感情などに巻き込まれないようにする。
受容	当事者の事情や心情を共感的に理解して当事者のありのままの姿を受け入れる。
非審判的態度	社会的規範や価値等をもとに当事者を評価して批判・否定しない。
自己決定	物事の押し付けではなく、当事者がより良い決定ができるように援助する。
秘密保持	当事者から打ち明けられた情報は許可なく外部に漏らさないように守る。

呼ばれており、支援の対象者との信頼関係（ラポール）を形成していくために必要なものとして、対人支援職が身に付けておくべき基本的な視点とされています[6]。

③ ケースワークの展開過程

　ケースワークは、専門職が支援の対象者を支えて、ともに課題解決を目指す取り組みです。そのなかにあって、ソーシャルワーカーは、ケースワークを通じてさまざまな生活上の課題などを抱える当事者自身の力を強化して、当事者が自身の決定に従って課題解決に取り組み、緩和・解決に至ることができるように支えていきます。

　ケースワークの流れは、図9－4の通りとなりますが、実際には、このように明確に区別されて展開されることは少なく、一連の援助が終結に至るまでには、新たな課題が出てきたり、再度のアセスメントや援助計画の見直しに基づいた支援が必要になるなどの理由から、循環型の流れを辿ることが一般的です。

*6
ただしバイステックが重要視していたのは、主に自発的な1対1のケースワーク関係であり、法的枠組みのもとでの介入や、家族・集団・コミュニティを含む現代のソーシャルワークの複雑さからは隔たりがあります。また、一連の原則の限界をどこに引くかという問題や、原則の順位付けが行われておらず、原則同士が対立する状況でどうすればよいかについての示唆がないことも踏まえる必要があります。

図9－4　ケースワークの展開過程

インテーク　●課題が持ち込まれた時に行う面接など、支援者と利用者の出合いの場面。

アセスメント　●課題に対する資料の収集や分析が行われる段階。

プランニング　●目標を設定し、具体的な支援の方法を示した計画を設定する段階。

インターベンション　●当事者や取り巻く環境、両者の相互関係などへの働きかけを行う段階。

モニタリング　●サービスが計画通り提供されているのかなど、支援内容を点検する段階。

エバリュエーション　●計画の効果や設定目標の達成具合などを確認する段階。

終結　●支援を終える段階（以後はフォローアップを行う）。

再び資料収集や分析、計画策定が必要な場合

Section 5 グループワークの概要

3分 Thinking

- 複数の子ども（集団）を対象にした遊びや活動には、どのようなものがあるでしょうか。室内と室外に分けて考えてみましょう。

1 グループワークの視点

> **要約** 意図的なグループ経験を通してメンバーの成長を促す援助技術をグループワークといいます。保育士は、保育の5領域をふまえたプログラム活動を検討するなど、そのグループ経験が豊かで効果的なものになるように実施していくことが大切です。

① 社会的養護とグループワーク

グループワークの特徴は、参加者間の関係性（相互作用）を生かして、参加者個人とグループの両者の成長を目指すことにあります。

社会福祉の専門的技術としてのグループワークを指す場合には、コノプカ（G.Konopka）が提唱しているように、"意図的なグループ経験を通して、集団内の相互作用を生かして子どもの成長を促すことで課題解決を促進する"という目的を持った援助活動を意味します。それゆえ、普段、私たちがグループワーク（主に集団活動）として認識している学校の学年・クラス活動や部活動などの意味合いとは理解が少し異なる点に注意が必要です。

施設に入所する子どもは、それまでの生活や養育環境において他者との交流等の経験が乏しいケースがあるほか、社会的自立や地域交流等の点からも、意図的に多種の経験や多様な人とふれあう機会が設けられています。活動を立案するにあたっては、特別なプログラムを検討するのではなく、日課のなかに子どもの興味や創造力、豊かな情操が育つような生活体験・経験 [8] を組み込み、子どもたち自身が主体的に考えて活動を行えるように支援することが大切です。その際には、保育の特質である5領域（健康・人間関係・環境・言葉・表現）の要素をふまえた活動を検討すると良いでしょう（表9－4）。

また、保育分野でも地域ニーズへの対応が求められている昨今ですが、社会的養護の領域においても同様であり、入所児童の家族に限らず、地域の子育て家庭、施設に相談に訪れた人などへの支援（グループワークを含む）が求められるなど、広がりをみせています。

表9－4　保育の5領域を生かしたプログラム活動例

		言　葉				
		言語表現	身体表現	音楽表現	造形表現	総合表現
人間関係	表現	絵本読み・俳句 詩・川柳・朗読	フォークダンス・郷土色豊かな踊り・ 軽スポーツ	合唱 合奏	絵画・工作 手芸・折り紙	演劇（劇遊び） 紙芝居・人形劇 ペープサート エプロンシアター
			リトミック・手遊び			
	環境	ハイキング・キャンプ・天体観測・水泳 昆虫採集・植物観賞・スキー・スケート			ゲーム性のある遊び・トランプ カルタ・囲碁・将棋	
		健　康				

※1　保育場面を限定せず、保育所保育と施設保育の両者で考えられるプログラム活動をあげている。
※2　「総合表現」は、複数の表現要素を組み合わせたプログラム活動である。

出典：杉本敏夫・豊田志保編著『相談援助論』保育出版社　2011年　p.122

② グループワークの基本原則

　グループワークは、ケースワークと同じく利用者に直接的に関与する援助技術であることから、その原則にはケースワークの原則と同じ内容も含んでいます。しかし、複数人から構成されるプログラム活動を前提としていることから、グループワークに固有の原則もあります。

　主な原則には、①個別化：グループを構成する個人のニーズに焦点を当てて適切に対応して尊重すること、②参加：積極的にプログラム活動に参加して問題解決を目指していけるように参加の動機づけを行うこと、③制限：実施時間・場所の枠組みや参加者の安全確保を目的にグループワーク実施上の最低限のルールを設定すること、④葛藤解決：活動のなかで生じたさまざまな葛藤は参加者間の相互作用のなかで解決していくことなどがあります。グループワークを計画する際には、これらの視点をふまえて展開できるようにしていくことが大切です。

③ グループワークの展開過程

　グループワークの展開過程とは、対象となる集団が支援を受けながら特定のプログラム活動を展開する一連の過程のことをいいます。その流れは、準備期→開始期→作業期→終結期から構成され、支援者は、この4段階の支援サイクルを繰り返しながら個人とグループの目標達成を目指していきます（図9－5）。

準備期	● 支援者がグループへの支援を開始するための計画を立てて、参加者に接触を始める段階。
開始期	● 参加者が集まり、グループとして動き始めるまでの段階。
作業期	● 活動（プログラム）を通して、個人とグループが設定した目的・目標達成のために取り組む段階。
終結期	● グループでの活動（プログラム）を終えて、参加者で評価などを行う段階。

図9－5　グループワークの展開過程

Section 6　ソーシャルワークと自立支援

 Thinking

・"自立"という用語の意味について問われたら、真っ先にどのようなことが思い浮かびますか。また、思い浮かんだことを満たす（できるようにする）ために必要なことは何でしょうか。

1　自立に向けた支援の組み立て方

要約 ▶ 児童福祉施設のケアワーカー（保育士や児童指導員など）だけで自立支援を担うことは現実的ではありません。関係機関等との連携のもとに支援内容をマネジメントして、「子ども」と「家庭」からなる両輪に適切に働きかけていくことが必要です。

　　　　施設養護の中心的課題ともいえる自立支援の考え方は、1997（平成9）年の児童福祉法の改正によって施設の目的に位置付けられました。その後、具現化していくための方策として、2004（同16）年の同法の改正において子ども一人ひとりに自立支援計画を策定することが義務付けられました。

　　　　自立支援計画とは、児童福祉施設の職員が、各々の子どもに行うべき支援内容を記したものです。そこに記す支援目標は、施設内支援・家庭環境調整をはじめとする幅広い項目があり、短期間で実現が可能な内容もあれば、長い時間をかけて行うことで達成が可能になる内容も含まれています。

　　　　自立支援計画が意図する支援の内容を正しく理解すれば、児童福祉施設のケアワーカー（保育士や児童指導員など）だけが行おうとしても不可能（現実的でない）であることは明らかですが、残念ながら、今なお施設では"ケアワーカーと子ども"の間の関わりだけに重点が置かれて作成され、その視点

だけで支援が組み立てられている例が散見されます [9]。児童福祉施設の設備及び運営に関する基準の第47条「関係機関との連携」にあるように、施設内の関わりだけで支援が完結するのではなく、さまざまな機関と密接に連携をして子どもへの指導や家庭環境の調整を行うなど、広い視野をもって子どもや保護者を支えるという視点に立つことが大切であり、自立支援計画が持つ本来の趣旨に沿った計画の策定・実行が求められます。

　加えて、適切かつ的確な計画・実行のためには、職員一人ひとりの判断力や分析力のほかにも、子どもが持つ背景や家族との協働をふまえた視点を加えたケアマネジメントが求められるなど、多角的な視点が必要であると言っても過言ではありません。

　"社会的養護における支援のあり方"を考えるとき、「子ども」と「家庭」の両輪がうまく機能するためには、保育士の専門性に基づいた意図的・意識的な働きかけが常に必要になることを覚えておいてほしいと思います。

【引用文献】
１）河合隼雄・南伸坊『心理療法個人授業』新潮社　2004年　p.69
２）網野武博『児童福祉学＜子ども主体＞への学際的アプローチ』中央法規出版　2002年　p.211
３）白澤政和「相談援助の構造と機能」社会福祉士養成講座編集委員会編『相談援助の理論と方法Ⅰ　第2版』中央法規出版　2010年　p.45
４）日本社会福祉実践理論学会ソーシャルワーク研究会『ソーシャルワークのあり方に関する研究　調査報告書』日本社会福祉実践理論学会ソーシャルワーク研究会　1997年　pp.63-64
５）加登田恵子「ソーシャルワークの機能」黒木保博・山辺朗子・倉石哲也編著『ソーシャルワーク』中央法規出版　2002年　pp.23-24
６）リッチモンド著、小松源助訳『ソーシャル・ケース・ワークとは何か』中央法規出版　1991年　p.57
７）畠中義久「児童養護の技術と方法」畠中義久編『社会的養護内容総論［その理論と実際］』同文書院　2014年　p.88
８）金子恵美「施設養護とソーシャルワーク」新保育士養成講座編纂委員会編『社会的養護』全国社会福祉協議会　2015年　p.177
９）宮島清「社会的養護とソーシャルワーク」小池由佳・山縣文治編著『社会的養護　第4版』ミネルヴァ書房　2013年　p.40

【参考文献】
●伊藤嘉余子「施設養護におけるレジデンシャルワークの再考―児童養護施設実践に焦点をあてて」『埼玉大学紀要（教育学部）』56（1）　2007年
●サラ・バンクス著、石倉康次・児島亜紀子・伊藤文人監訳『ソーシャルワークの倫理と価値』法律文化社　2016年

●学びを振り返るアウトプットノート

年　月　日(　)　第(　)限　　学籍番号＿＿＿＿＿＿＿＿　氏名＿＿＿＿＿＿＿＿＿＿＿＿＿

❖ この Chapter で学んだこと、そのなかで感じたこと（テーマを変更してもOK）

❖ 理解できなかったこと、疑問点（テーマを変更してもOK）

❖ TRYしてみよう ❖

① ソーシャルワークの理論でいう生活モデルでは、「(　　　　　　)と(　　　　　　)はお互いに影響し合う」という視点が重視される。

② 施設養護で用いられる主な援助技術であり、ソーシャルワークの体系でいう直接援助技術は、(　　　　　　　　　　)と(　　　　　　　　　　　　　)から構成される。

③ バイステックの原則とは、(　　　　　　　　)、(　　　　　　　　)、統制された情緒的関与、(　　　　　　　)、非審判的態度、(　　　　　　　)、秘密保持の7つから構成される対人支援職の態度や価値のことである。

施設の運営管理

●イメージをつかむインプットノート

Section 1 「施設運営」のアウトライン

社会的養護関係の施設は要保護児童に適切な支援を行うために、その組織が構成されており、国と地方公共団体から支弁される措置費などによって運営されています（p.182）。

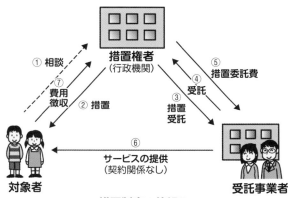

Keyword
- ☑ 運営指針
- ☑ 措置制度
- ☑ 利用契約制度
- ☑ 措置費

措置制度の仕組み

Section 2 「施設での権利擁護と職員の課題」のアウトライン

施設では、子どもの権利を擁護するために「被措置児童等虐待防止」「第三者評価制度」などのさまざまな取り組みが行われています。また、施設を適切に運営し、子どもの支援の質を向上させるためには職員の心身の管理も大切になってきます（p.185）。

Keyword
- ☑ 子どもの最善の利益
- ☑ 被措置児童等虐待防止
- ☑ 第三者評価制度
- ☑ 苦情解決

第三者評価は3年に1度行うことが義務付けられています。

・施設を運営するためのお金は利用者が支払っているのでしょうか?

1 施設運営とは

要約 社会的養護関係の施設は、要保護児童への適切な支援を実現していくことを目的とした場で、子どもの人権を擁護し、子どもの最善の利益を保障しています。施設を適切に運営していくために厚生労働省によって、施設種別ごとに「運営指針」が策定されています。

① 施設の役割と運営

　社会的養護の関係の施設は、「子どもの最善の利益」を保障し、「すべての子どもを社会全体で育む」ことの一翼を担うもので、社会的養護を必要とする子どもへの適切な支援を実現していくことを目的とした場です。

　具体的には、児童福祉施設の設備及び運営に関する基準の「児童福祉施設の一般原則」として定められている、①入所している者の人権に十分配慮するとともに、一人一人の人格を尊重して、その運営を行わなければならない、②地域社会との交流及び連携を図り、児童の保護者及び地域社会に対し、当該児童福祉施設の運営の内容を適切に説明するよう努めなければならない、③その運営の内容について、自ら評価を行い、その結果を公表するよう努めなければならない、④法に定めるそれぞれの施設の目的を達成するために必要な設備を設けなければならない、⑤児童福祉施設の構造設備は、採光、換気等入所している者の保健衛生及びこれらの者に対する危害防止に十分な考慮を払つて設けられなければならない（第5条）、をあげることができます。

　近年、施設の責任や役割は大きく変化しています。例えば、2016（平成28）年の児童福祉法の改正により、「全て国民は、児童が良好な環境において生まれ、かつ、社会のあらゆる分野において、児童の年齢及び発達の程度に応じて、その意見が尊重され、その最善の利益が優先して考慮され、心身ともに健やかに育成されるよう努めなければならない」(第2条第1項)とされ、これにより社会全体で子どもを適切に養育することの社会的責任が明確にされました。もちろん、子どもを心身ともに健やかに育成することについて第一義的責任は保護者が負うものですが、家庭における養育が適当ではなく、

施設や里親による養育が行われた場合には、それらに措置委託を行う国や地方自治体はもとより、施設や里親も責任を負うこととなります。施設で子どもを養育することが、社会的な責任の一端を担うものであることが一段と明確になったのです。

　また、近年の家庭的養護を推進する動向は、施設養護をより家庭的な養育環境にすることを求めており、そのため施設の小規模化、地域化、本体施設の機能強化などが図られています。

　施設における支援も、代替的な養育だけではなく、虐待を受けた子どもや発達障害のある子どもへの専門的な支援、保護者への支援、また地域社会の子育て家庭への支援などと多岐にわたっています。

　このように施設は、子どもを取り巻く環境の変化や社会の要請に沿ってその機能や役割を変化させており、それに伴い運営を行っています。

②　施設の組織

　社会的養護関係の施設における設備や職員配置の基準は、児童福祉施設の設備及び運営の基準により定められていますが、公営（都道府県、市町村など）や民営（社会福祉法人など）の運営主体、規模、地域の環境、各施設の運営方針などの違いにより、組織の様相も違います。しかし、施設全般の運営・管理を担う施設長のもと、児童指導員などの現場職員や事務職員などが協働して子どもへの養育と支援の充実を図っていることはどの施設でも同じです。

　支援現場での管理や運営については施設長の役割が大きいですが、法人としての経営などは執行機関である理事会が行っています。さらに、法人の運営に関する重要事項（理事等の選任・解任や役員報酬の決定など）を決議する議決機関として評議員会が設置されています。民主的で適正な施設運営を図るために、このように理事会、評議員会それぞれが適切な役割分担をしているわけですが、こうした法人運営は支援の現場に直接関係するものであり、施設の子どもの生活にも影響を与えます。

　近年は、特別な支援を必要とする子どもの入所や利用が増えてきていることから、外部の専門機関や専門職との連携が必要となるケースも多くみられ、柔軟な組織づくりが求められてきています。

③　施設運営指針

　施設での養育や支援は、子どものその後の人生にまで大きな影響を与えます。養育や支援の質の差は、施設運営の質の差であり、そうした質の差があると措置された施設によっては子どもの利益に不平等が生じてしまいます。

　施設運営の質を向上させるために厚生労働省は、児童養護施設、乳児院、

児童心理治療施設、児童自立支援施設、母子生活支援施設の5つの施設運営指針と、里親およびファミリーホーム養育指針を策定しています。運営指針には、養育・支援と運営に関することが定められており、適切な養育・支援を実践するために施設職員は理解しておく必要があります。

　各施設はそれぞれの運営指針をふまえて、子どもの権利擁護などの視点を盛り込み、職員の行動規範となる「基本方針」を明文化することとなっています。なお、基本指針は法人や施設の使命や役割を反映させた「運営理念」との整合性があることが求められています。

2　施設運営費

要約　施設の運営費は、国や都道府県などが費用を負担しています。施設の利用方法（措置制度、利用契約制度）により支弁科目は異なりますが、措置制度の場合は措置費として施設の運営するための経費が支払われます。措置費は子どもの権利を保障するための経済的基盤となるものです。

① 措置制度と利用契約制度

　民営の社会的養護関係の施設の多くは社会福祉法人が運営しており、措置制度に基づく施設は措置費で、利用契約制度に基づく施設は、障害児給付費や実施委託費によって賄われています（表10-1）。

　措置制度とは、行政（児童相談所等）が自らの判断に基づいて、要保護児童に対して入所措置などを決定する制度で、国や地方自治体が公的責任をもって実施する行政処分の一つです。措置制度に基づき施設養護を実施している施設に措置費が支弁されていますが、負担能力に応じて利用者や扶養義務者から費用を徴収することもあります。なお、措置費等の費用負担割合は、措置制度の場合は、国が1/2、都道府県が1/2、利用者契約制度の場合には、市町村が1/4、都道府県が1/4、国が1/2を担っています。

　利用契約制度は、行政と契約するもの（助産施設、母子生活支援施設）と施設などと直接契約するもの（障害児入所施設、児童発達支援センター）があります。利用者は自分の希望するサービスを行っている事業・施設を選択することができます。

表10−1　利用方法と対象施設

利用方法	支弁科目	対象施設
措置制度	措置費	乳児院、児童養護施設、児童心理治療施設、児童自立支援施設
利用契約制度	障害児（入所・通所）給付費	障害児入所施設、児童発達支援センター
	実施委託費	助産施設、母子生活支援施設

② 措置費

　乳児院や児童養護施設などに支弁される措置費は、運営に必要な職員の人件費およびその他の事務の執行に伴う諸経費である「事務費」と、入所している子どもたちの生活、教育などのすべてを保障するための諸経費である「事業費」に分けられています。

　事務費は、施設を運営するための費用で、施設職員の給与や研修費（旅費）、福利厚生費、建物の維持管理費等からなります。事務費は、基本となる一般分保護単価（人件費、管理費）と加算分保護単価（小規模施設加算、乳児加算、個別対応職員加算等）により算出され、保護単価は、業種ごとに、また各施設の定員数と地域区分によって異なっています。

　事業費は施設種別によりその科目に違いはありますが、児童養護施設の場合、一般生活費、教育費（学習塾含）、学校給食費、見学旅行費、入進学支度金、特別育成費（高校生対象）、夏季等特別行事費、期末一時扶助費、医療費、職業補導費、児童用採暖費、就職支度費、大学進学等自立生活支度費等があります。

　措置費は、子どもたちのさまざまな権利を保障するための経済的基盤です。教育を受ける権利や健康で文化的な生活を営む権利（生存権）を保障するものなのです。社会的養護の長い歴史のなかで見てみると、施設の子どもたちが高校進学や大学進学できるようになったのは最近のことで、子どもたちが将来に対して希望の持てる状況になりつつあります。

　子どもたちの最善の利益を追求するためにも、措置費とはどのようなものがあり、どのように使うことができるのかを理解しておく必要があります。

Section 2　施設での権利擁護と職員の課題

3分 Thinking

・子どもの権利を守るために施設としてなにが必要でしょうか。

・施設は職員に何を求め、何ができるでしょうか。

1　施設での権利擁護

要約 ▶ 施設での権利擁護の具体的な取り組みとして、施設内での職員による子どもへの虐待を防止することや、施設運営の質の向上が図られているかを専門的かつ客観的な立場から評価する第三者評価制度、子どもの意向への配慮や苦情解決を行います。

① 被措置児童等虐待防止

児童の権利に関する条約第3条には「児童に関するすべての措置をとるに当たっては、公的若しくは私的な社会福祉施設、裁判所、行政当局又は立法機関のいずれによって行われるものであっても、児童の最善の利益が主として考慮されるものとする」とあります。言うまでもなく社会的養護関係の施設も「児童の最善の利益」を主眼におき養育・支援を行うものであり、子どもの権利擁護の最後の砦としてその役割を果たさなければなりません。

しかし、子どもたちが安心して生活を送ることができる場所であるはずの施設で、子どもが信頼を寄せるべき立場の施設職員等により子どもへの虐待が行われていることがあります（Chapter 3も参照）。それは子どもに虐待を行った個々の職員等の援助技術や資質の不足等の問題だけではなく、施設の運営や管理の問題でもあります。

常日頃から、複数の職員で子どもの様子を見守り、コミュニケーションがとれる体制を整備したり、施設での養育や支援の実践において負担が大きいと感じている職員や経験の浅い職員などに対してアドバイスをしたりすることや、研修を通じて子どもの権利についての職員の意識を向上させることは、被措置児童等虐待の防止につながります。

② 第三者評価制度

乳児院や児童養護施設等は、どの施設に入所しても一定の養育・支援が受けられることが前提となります。また、近年は、虐待を受けた子どもや発達障害のある子どもの利用が増加し、施設にもその対応が求められています。

常に支援を受ける子どもの立場に立って良質かつ適切な支援を提供するためには、施設で必要とされる養育・支援が保障されているか、施設運営の質の向上が図られているかを専門的かつ客観的な立場から評価する必要があります。そのため、すべての施設に、3年に1回以上の第三者評価の受審と結果の公表が義務付けられています。また、その間の年度においては、第三者評価基準の評価項目に沿って、自己評価を行わなければならないこととなっています。

③ 子どもの意向への配慮・苦情解決

　児童の権利に関する条約第12条において「自由に自己の意見を表明する権利を確保」することが保障されています。この権利は施設で生活していたとしても変わりません。

　施設側には、子どもの意向を尊重しながら生活改善に積極的に取り組むことが求められています。さらに子どもが意見や苦情を述べやすい環境を整備し、苦情解決の仕組みを機能させ、意見や苦情を養育や施設運営の改善に反映させるように努めています。

　社会的養護を必要とする子どもたちは、すべて親子分離を経験し、分離不安な状態にいる子どもたちです。どんなに生活集団を小さくしようと建物を新しくしようと一緒に誰がいるのかで子どもたちの分離不安は消えないのです。

　子どもたちは、法律や制度を作る大人が、施設運営する大人が、子どものそばにいてくれる大人が、子どもたち（自分たち）の最善の利益を追求してくれる大人であることを願っているのです。

2　職員の課題

　要約　▶要保護児童に対する支援の専門化と多様化、家庭的養護が推進されるなか、施設で働く職員には援助技術の向上が求められてきています。その一方で、職員への負担が増してきていることが懸念されており、子どもへの支援の質の低下を防ぐためにも、職員への心身のケアが課題になっています。

① 専門性の向上

　要保護児童を、より家庭的な環境で養育するために、里親等の家庭養護の拡充と、施設の小規模化・地域分散化が推進されています。また、虐待を受けた子どもや発達障害のある子どもなどの専門的な支援を必要とする子どもの増加、地域の子育て家庭への支援など、施設に求められている役割は多様化しており、そうした取り組みを進めていくためには、施設の職員一人ひとりに、養育や支援のあり方についての理解や援助技術の向上が求められてきています。

　そのため施設では、職員に求める社会的養護についての意識や姿勢、身に付けて欲しい専門性や資格を示し、それに沿った職員への教育・研修計画を策定し、実行していく取り組みが行われています。

② 職員への配慮

　施設で働く職員に「社会的養護の施設で働く喜びとは何か」を尋ねると、「日々成長していく子どもの姿に喜びを感じる」「自己肯定感が低かった子どもが自身を認めるようになった」「退所した子どもが頼ってきてくれた」など、養育や支援の結果に充実感を得ていることがわかる答えが返ってきます。

　しかし、自身の仕事に手応えを感じている職員がいる一方で、子どもとの関係でストレスを抱えたり、子どもの問題に振り回されて、燃え尽き状態に陥り、離職してしまう職員もいます。

　入所施設は、365日・24時間体制で、子どもの生活を守り支援を行っています。当然、そこで働く職員もそうした条件のもとで勤務していることになります。対応の難しい子どもへの継続的な支援や、宿直などもあり、心身に負担がかかることがあるのです。職員への負担の増加は、子どもへの支援の質の低下や虐待へつながるおそれがあるゆゆしき課題であり、施設の運営や、職員の管理をする者は、職員の就業状況や意向を把握し、福利厚生や健康を維持するための取り組みを積極的に行わなければなりません。

【参考文献】
●保育福祉小六法編集委員会編『保育福祉小六法　2017年版』みらい　2017年
●厚生労働統計協会『国民の福祉と介護の動向　2016/2017年』厚生労働統計協会　2016年
●厚生労働省「社会的養護の現状について（参考資料）（平成29年7月）」

●学びを振り返るアウトプットノート

年 月 日( ) 第( )限　学籍番号＿＿＿＿＿＿＿＿　氏名＿＿＿＿＿＿＿＿＿＿＿＿

❖ この Chapter で学んだこと、そのなかで感じたこと（テーマを変更してもOK）

❖ 理解できなかったこと、疑問点（テーマを変更してもOK）

❖ TRYしてみよう ❖

1　社会的養護関係の施設の利用には、国や地方自治体が公的責任をもって実施する（　　　）制度と、利用者がサービスを選択・決定する（　　　　　）制度がある。

2　施設に対する措置費は、施設運営に必要な職員の人件費、その他の事務の執行に伴う諸経費である（　　　　）と、子どもたちの生活、教育などを保障するための諸経費である（　　　　）に大別できる。

3　社会的養護関係の施設は、厚生労働省が策定した（　　　　　　　）に基づき運営をし、（　　　　　　　）を3年に1回受けなければならない。

1 措置／利用契約　2 事務費／事業費　3 運営指針／第三者評価

索引

みらい×子どもの福祉ブックス
社会的養護I【第2版】

2020 年 4 月 1 日　初版第 1 刷発行
2023 年 4 月 1 日　初版第 5 刷発行
2024 年 4 月 1 日　第 2 版第 1 刷発行

監　　修　　喜多　一憲
編　　集　　堀場　純矢
発 行 者　　竹鼻　均之
発 行 所　　株式会社みらい
　　　　　　〒500-8137　岐阜市東興町40　第5澤田ビル
　　　　　　TEL　058 - 247 - 1227 ㈹
　　　　　　FAX　058 - 247 - 1218
　　　　　　https://www.mirai-inc.jp/
印刷・製本　　サンメッセ株式会社

ISBN978-4-86015-607-7 C3036
Printed in Japan　　　　　　　　　乱丁本・落丁本はお取り替え致します。